Segundos anales del Conservatorio Nacional de Música

Número de Control de la Biblioteca del Congreso de EE. UU.:   2018914388
ISBN: Tapa Blanda   978-1-5065-2741-3
                       Libro Electrónico   978-1-5065-2742-0

Información de la imprenta disponible en la última página.

Fecha de revisión: 02/11/2019

Para realizar pedidos de este libro, contacte con:
Palibrio
1663 Liberty Drive
Suite 200
Bloomington, IN 47403
Gratis desde EE. UU. al 877.407.5847
Gratis desde México al 01.800.288.2243
Gratis desde España al 900.866.949
Desde otro país al +1.812.671.9757
Fax: 01.812.355.1576
ventas@palibrio.com
787452

ÍNDICE

PARTE FINAL DEL REGLAMENTO VIGENTE DEL CONSERVATORIO 13

PROGRAMAS DE INSTRUMENTOS..24

PROGRAMA DE LA CLASE DE CONTRABAJO...37

PROGRAMA DE LAS - CLASES DE INSTRUMENTOS DE ALIENTO. 45

INSTRUMENTOS DE BOQUILLA CIRCULAR..52

OBOE Y CORNO INGLES. 55

PROGRAMA PARA LOS CURSOS DE FAGOT A CARGO DEL PROFESOR ALFREDO BONILLA 58

PROGRAMA DE LA CLASE DE FLAUTA..64

PROGRAMAS DE COMPOSICION 76

PROGRAMA DE MÚSICA DE CÁMARA. 78

PROGRAMAS DE LAS CLASES DE ARMONIA CONTRAPUNTO. COMPOSICION 83

PROGRAMA DE LA CLASE DE ANALISIS MUSICAL. 97

PROGRAMAS. DE MATERIAS ACADEMICAS...104

CURSO DE HISTORIA DE LA MUSICA 105

PROGRAMAS DE IDIOMAS 117

LA DIALECTICA Y EL PROBLEMA DE LA ENSEÑANZA DE LENGUAS EXTRANJERAS. 121

PROGRAMA DE LA CLASE DE LENGUA NACIONAL. 131

PROGRAMA DE LA CLASE DE FRANCES 139

PROGRAMA DE LA CLASE DE INGLES. 145

PROGRAMA DE LA - CLASE DE ITALIANO 152

CLASE DE ALEMAN. 159

Cap. IV ACADEMIAS DE INVESTIGACION..165

ACADEMIAS: DE INVESTIGACION DE MUSICA POPULAR..169

Cap V ORGANIZACIONES MUSICALES...187

ORQUESTA DEL CONSERVATORIO..189

CORO DEL CONSERVATORIO. 195

CUARTETOS..199

GRUPOS DE CANTORES CLASICOS MEXICANOS 205

CONJUNTOS DE OPERA..207

Cap. VI ACUERDOS DEL CONSEJO 212

CURSOS ANALITICOS. 227

REGLAMENTO DE PRACTICAS PEDAGOGICAS...236

ANALES DEL

CONSERVATORIO NACIONAL DE MÚSICA

SEGUNDO TOMO

AÑO DE 1941

RESEÑA HISTORICA

DEL

CONSERVATORIO NACIONAL DE MUSICA

RESEÑA-HISTORICA DE LA FUNDACION DEL CONSERVATORIO NACIONAL DE MUSICA. -

Por el Dr. Jesús C. Romero, Catedrático de Historia General del Conservatorio Nacional. -

EL CENÁCULO LEÓN.- El CLUB FILARMÓNICO.- EL ESTRENO DE "ILDEGONDA" DEL MAESTRO MORALES.- LA SOCIEDAD FILARMÓNICA MEXICANA. LOS SALONES DE SAN JUAN DE LETRÁN Y DE BETLEMITAS.- FUNDACIÓN DEL CONSERVATORIO.- LA ACADEMIA MUSICAL DEL PADRE CABALLERO.- LA ACADEMIA MUNICIPAL DE MUSICA Y DIBUJO.- LA LOTERIA DE LA ENSEÑANZA.- EL PRIMER CONCIERTO PUBLICO DE LA FILARMÓNICA.- UN CONCIERTO PRIVADO.- LA REVISTA MUSICAL "ARMONIA".- FIN DEL PRIMER AÑO DE VIDA DE LA FILARMÓNICA"-

----

Por los años sesentas del Siglo pasado, el maestro don Tomás León era estimado como el pianista mexicano de mayor prestigio y su academia servía de sitio de reunión a importante cenáculo artístico; entre los concurrentes más asiduos a esas reuniones se distinguían los pianistas Pancho Villalobos, Francisco Sanromán, Melesio Morales, Julio Ituarte y el doctor Aniceto Ortega, quien era, además, buen pianista, y dentro del medio y de su época, muy estimable compositor.

El doctor Ortega, que pertenecía al Cuerpo Docente de la Escuela de Medicina, invitó a sus compañeros de cátedra los doctores Francisco Ortega, hermano suyo, Eduardo Liceaga y José Ignacio Durán, director éste de dicho plantel, a que ingresaran como miembros del cenáculo León; más tarde el grupo médico hizo ingresar al licenciado Urbano Fonseca quien posteriormente emparentó con los Ortega, al ingeniero Antonio García Cubas, al poeta Casimiro del Collado y a los señores Jesús Dueñas, Ramón Terreros, Lázaro Ortega, hermano de los médicos de ese apellido y a Agustín Siliceo.

Dentro de esa época, el domingo 3 de septiembre de 1865, se presentó al público en el Teatro Imperial (antes Santa Ana y después Nacional), la Compañía de Opera Italiana de Anibal Biacchi, a la cual el Gobierno Imperial había ofrecido subvencionarla con cuatro mil pesos a condición de hacer figurar en su elenco a la diva mexicana Angela Peralta que estaba triunfando en Europa y de estrenar una opera de autor mexicano.

El maestro Morales, que formaba parte del personal de dicha Compañía, fué el primero en iniciar ante la empresa gestiones encaminadas a que fuera su "Ildegonda" la ópera elegida para ser estrenada, pues hacía poco la había terminado de escribir.- Transcurría el tiempo sin que el maestro Morales consiguiera algo favorable y sí veía que comenzaban a instar en igual sentido que él, varios compositores de mérito, entre quienes se encontraba su propio maestro el insigne don Cenobio Paniagua y los destacados maestros Miguel Meneses, Octaviano Valle y Manuel Covarrubias; temeroso de que alguno de sus competidores obtuviera el honor que él venía gestionando tan afanosamente, decidió buscar el apoyo de don Jesús Dueñas, su amigo y compañero de cenáculo y persona muy bien relacionada con los miembros del gobierno. Dueñas aceptó brindárselo de buena gana y, para el efecto, reunió a los miembros del Cenáculo León, les expuso la situación en que se encontraba uno de sus individuos y les encareció la necesidad que había de actuar conjuntamente en su favor; la asamblea aplaudió la proposición y designó en comisión al licenciado Fonseca, al Ingeniero García Cubas, al propio Dueñas y a los doctores Ortega y Durán, bajo la presidencia de este último, para que representando al Cenáculo suplicara a Bianchi accediese a obsequiar las pretenciones de Morales.

La comisión se anunció y fué recibida por el empresario la tarde de uno de los primeros domingos de octubre, más o menos ocho días después de haber acordado el Cenáculo León que se diera ese paso; la recepción que se le dispensó no pudo ser más descortés, ya que ésta se llevó a efecto en el pórtico del teatro, hicieron uso de la palabra primero el licenciado Fonseca y después el doctor Durán, quien para impresionar favorablemente al empresario, dijo que la comisión representaba al "Club Filarmónico", el cual tenía interés en que la ópera mexicana escogida por la empresa para ser estrenada, fuese "Ildegonda" del maestro Morales.- Biacchi contestó que le asistían dos razones poderosas para no acceder a la solicitud: la primera consistía en estar ya en ensayo la "Ione" de Petrella, obra que se incorporaría en el repertorio de la compañía, lo que no acontecería con "Ildegonda" que solo en México podía ser representada, perdiendo la empresa el dinero invertido en montar y en ensayar esta obra; la segunda razón, más importante aún radicaba en ser "Ildegonda" de <u>autor mexicano</u> (frase que hizo resaltar Biacchi) y aunque a él no le parecía mala, era difícil, por esta causa, que el público la aceptara, lo cual redundaría no sólo en perjuicio pecuniario de la empresa, sino también en detrimento de su prestigio artístico. Esta última consideración de Biacchi, hizo que la entrevista se diera por terminada; a ninguno de los comisionados lo desalentó la hostil intransigencia del empresario y sí enardeció a todos ellos la forma despectiva en que había calificado injustamente a los artistas mexicanos; por esa causa la comisión decidió continuar en pié de lucha hasta lograr el triunfo de sus ideales.

Emprendido el regreso y cuando la comisión transitaba por la calle de Vergara (hoy 1/a. de Bolívar), el ingeniero García Cubas expuso la conveniencia de que Biacchi no llegara a descubrir la inexistencia del "Club Filarmónico", por el descrédito en que todos ellos caerían; el doctor Durán contestó que ese asunto era de facilísimo remedio y que él se encargaría de subsanarlo. Ya en el cenáculo, al dar cuenta el doctor Durán del resultado de las gestiones de la Comisión, expuso la conveniencia de que el grupo artístico que se congregaba allí desde hacía tiempo, abandonara su vida informal y se transformase en "Club Filarmónico", para mayor prestigio de sus miembros y más fácil desarrollo de sus ideales; la proposición fué aprobada por unanimidad y el doctor don Aniceto Ortega quedó encargado de redactar el reglamento respectivo. ¡Así nació la Sociedad que cambió favorablemente los destinos musicales de México!

Debidamente instalado el Club Filarmónico en la Academia León, inició un cambio de notas con el empresario de la compañía de Opera encaminadas a obtener el estreno de "Ildegonda"; una a una de las muchas dificultades con que se tropezaba fueron siendo allanadas y solo una quedó sin solución: el que las entradas de la función no cubriesen los gastos de ella, pero al fín también éste escollo fué salvado por el Club, exhibiendo fianza que otorgó don Manuel Payno por la cantidad necesaria para cubrir el importe de la papeleta; entonces Biacchi, que poseía la astucia del mercader, declaró roto su compomiso y desconoció cuanto había pactado; esto lo hizo con la esperanza de lograr mayores beneficios en futura actuación, que él la presentía muy próxima.

La indignación que tal proceder produjo en los miembros del Club fué enorme y ella subió de punto al ver ellos que el empresario cumplía con uno de sus compromisos contraídos con el gobierno como era el de presentar en México a la Peralta, quien ya venía en camino para actuar durante el cuarto abono de la temporada que principiaría el 28 de noviembre, lo cual les hizo temer el peligro de que fuera designada la opera mexicana por estrenar, con riesgo de no ser la que ellos enhelaban, y decidieron conjurarlo desde luego.

Como la polémica entre el Clun Filarmónico y el empresario se había prolongado más de lo necesario, el público tuvo oportunidad de enterarse de ella, simpatizó con la idea e hizo causa común con <u>los filarmónicos</u>; éstos convinieron en aprovechar la fuerza enorme de la opinión que estaba de su parte y acordaron efectuar una manifestación en el propio Teatro Imperial, la noche del 15 de noviembre de ese año memorable, para cuya fecha se tenía anunciada la representación del "Baile de Máscaras" de Verdi.

El día fijado, los miembros del Club y sus aliados se distribuyeron en las diversas localidades del teatro y momentos antes de principiar el segundo acto de la función, desplegaron en la barandilla de la galería un rótulo de manta que decía "Ildegonda", el cual sostenían el negro Lymon, criado de la actriz María Cañete, la que era de la conjuración, y un pillastrín apodado "tuerto Suárez". Esa fué la señal para que estallaran en luneta, en palcos y en galería, las palmadas, el pateo y los silbidos y a gritos se pidiera el estreno de "Ildegonda"; la concurrencia simpatizó con el movimiento y se unió a los manifestantes y a poco se había armado tal alboroto que impidió continuar la representación; para que ésta pudiera reanudarse, el empresario tuvo que mandar alzar el telón y salir a declarar que la ópera de Morales sería estrenada; inmediatamente el público entró en calma y la representación de la opera de Verdi pudo llegar a su fín.

Asustado Biacchi por las consecuencias que podía ocasionarle el haberse obligado públicamente a estrenar "Ildegonda", se apresuró al día siguiente a publicar un manifiesto en el que demostraba a los miembros del Club Filarmónico y al mismo tiempo se defendía de la acusación de ingrato para con México y de informal en el cumplimiento de sus compromisos que se le hacía, por no querer estrenar "Ildegonda", alegando que la culpa la tenía el Gobierno Imperial por no haberle hecho efectiva la subvención prometida a cambio de contratar a la Peralta y de estrenar una opera de autor mexicano; que no obstante que aún no recibía un solo centavo de la subvención la empresa había cumplido ya con la primera parte de su compromiso, puesto que la señora Peralta venía ya en camino de México, pero que no le sería posible cumplir con la segunda parte, ya que la empresa no estaba en posibilidad de soportar los gastos y pérdidas que le reportaría el estreno de una ópera de autor mexicano, sin contar previamente con el apoyo pecuniario de la subvención.

El manifiesto de Biacchi surtió sus efectos; intervino la Junta Inspectora de Teatros y se aclaró que el Ministerio de Gobernación, obligado por lo apremiante de la situación pecuniaria del erario, había tenido necesidad de hacer economías y suprimir las subvenciones acordadas para los espectáculos; fué entonces cuando Maximiliano, con el fín de calmar la exaltación de los ánimos, acordó que su ministro de Fomento otorgase una fianza hasta por seis mil pesos, expedida a favor de Biacchi, por si las entradas que produjera el estreno de la ópera del maestro Morales no cubrieran los gastos que esta originara; gracias a ello pudo ser estrenada "Ildegonda" la noche del 27 de diciembre de 1865. Aquí cabe consignar que el acuerdo favorable dictado por Maximiliano se debió en gran parte a gestiones del Club Filarmónico, puesto que el licenciado Fonseca, miembro de éste, con fecha 4 de diciembre había sido nombrado Consejero Imperial y con ese carácter intervino en favor de Morales.

"Ildegonda", con positivo beneplácito del público, fué llevada a escena tres veces más, siendo la última en beneficio del autor y en la que éste fué coronado en uno de los entreactos por la insigne Ángela Peralta.-

El Ministerio de Fomento pagó al empresario la cantidad insignificante de $600.00 para cubrir el déficit habido en las tres funciones. El Clun Filarmónico había triunfado en toda la línea.

Después del estreno, los miembros del Club se reunieron en la Academia León para celebrar su triunfo y el de Morales, que también era de ellos; a la hora de los brindis cada orador fué comentando de muy distinta manera, pero impugnándola, esa frase despectiva de Biacchi tan deprimente para los compositores mexicanos pero rotundamente desmentida por el éxito magnífico alcanzado por el estreno de "Ildegonda"; al tocarle su turno oratorio al doctor Durán, surgió el pedagogo y brindó porque el flamante Club Filarmónico, dándose cuenta de su responsabilidad histórica, fundara su Conservatorio de Música, en cuyas aulas hallase la juventud mexicana los conocimientos necesarios para conseguir sólida educación musical e impedir de ese modo que los extranjeros, teniéndonos por empíricos, despreciaran tan ruinmente la producción de nuestros artistas. La ovación prolongada y calurosa con que todos los miembros del Club recibieron la proposición, puso de manifiesto que aquella había sido aprobada por aclamación. Como para llevarla a efecto era indispensable ensanchar considerablemente el radio de acción del Club, se acordó tranformarlo en una Corporación cuya índole le permitiera efectuar la función de un Conservatorio de Música, y con ese fín el Dr. Aniceto Ortega y el licenciado Fonseca, fueron comisionados para redactar el reglamento de la futura corporación, que desde ese momento llevó el nombre de "Sociedad Filarmónica Mexicana".

La idea por realizar era tan noble y tal el entusiasmo con que actuaron los miembros del glorioso Club, que muy pronto estuvieron cumplidos todos los requisitos necesarios para llevar a cabo la instalación de la naciente sociedad, cuya sesión inaugural se efectuó el 14 de enero de 1866, en uno de los salones de la Escuela Nacional de Medicina, galantemente cedido por su director el doctor don José Ignacio Durán; tuvieron la gloria de ser socios fundadores, los señores ABADIANO Juan, AGUEDA Angel, ALGARA Ignacio, ALVARADO Miguel, Bablot Alfredo, Balderas Agustín, Balderas Antonio, Bringas Manuel, CERVANTES Joaquín, CERVANTES José Juan, CERVANTES ESTAMILLO, José CLEMENT Julio, CORTINA CHAVEZ Miguel, COSIO Teodoro, CHAVERT Maximiliano (sr) CHAVERT Maximiliano jr, DEL COLLADO Casimiro, DE LA BORBOLLA Joaquín, DUEÑAS Jesús, DURAN José Ignacio, ELIZAGA Lorenzo, ESCALANTE Antonio, ESCUDERO Y ECHANOVE Pedro, ESPINOSA Manuel, FERNANDEZ DEL CASTILLO Francisco, FLORES RAFAEL, FONSECA URBANO, FOURLONG J$_o$sé Miguel, GARCIA CUBAS Antonio, GLISSES ? GOMEZ Alejandro, GOMEZ Baltazar, GORGOLLO Francisco, GORGOLLO José, GORIBAR Justino, ITUARTE Julio, ITUARTE Ricardo, LANDA JUAN, LAS CURAIN Angel, LAUNE Germán, LEON Tomás, LICEAGA Eduardo, LUCIO RAFAEL, MALO José M., MARTINEZ DE LA TORRE Rafael, MERODIO Mariano, MORALES Melesio, MUÑOZ LEDO Luis, MURPHY Patricio, ORTEGA Aniceto, ORTEGA Eulalio, ORTEGA Francisco, ORTEGA Lazaro, ORTIZ Luis G., ORTIZ DE MONTELLANO MANUEL, PALACIOS ANTONIO, PALACIOS Mariano, PALMA Luis, PAYNO Mannuel, PORTU Eduardo, PORTU Luis, PRADO Cornelio, ROCHA Juan, RODRIGUEZ DE SAN MIGUEL Fernando, RODRIGUEZ DE SAN MIGUEL Juan, RODRIGUEZ LASCABES Agustín, SANROMAN Francisco, SANROMAR Genaro? SAEZ Clemente, SILICEO AGUSTIN, SILICEO Manuel, TERREROS Ramón, URQUIAGA Jesús, BALBUENA Patricio, VELEZ JOSE y VILLALOBOS Francisco.

Electa en esa sesión la Junta Directiva, quedó integrada de la manera siguiente: Presidente, Manuel Siliceo; Vicepresidente, Dr. José I. Durán, Tesorero, Clemente Sáen; Secretario, Dr. Eduardo Liceaga y Pro Secretario, Lorenzo Elízaga. Exceptuando a los señores Sáen y Elízaga, los directivos restantes habían pertenecido al Cenáculo León. Por designación que hizo la Presidencia, el Consejo de la Sociedad quedó integrado de la manera siguiente: SECCION DE ENSEÑANZA MUSICAL: Lic. Urbano Fonseca, Dr. Aniceto Ortega y Manuel Payno; SECCION DE FONDOS: Alfredo Bablot, Jesús Urquiaga y Clemente Saens; SECCION DE CONCIERTOS: Profesores Agustín Balderas y Tomás León; COMISION DE ETIQUETA, Jesús Dueñas. Constituída sí la Junta Directiva, efectuó su instalación el día 21 del propio mes, en cuya sesión acordó reunirse tres veces por semana a fín de poder realizar prontamente las finalidades para las cuales se había establecido la naciente sociedad.

¿Cual fué la causa de haber resultado electo Presidente fundador don Agustín Siliceo, no obstante que carecía de arraigo suficiente en a Cenáculo León y en consecuencia en el Club Filarmónico? ¿Por qué no logró esa distinción el propio maestro León o el Dr. Durán, que tenía en su abono haber sido uno de los más destacados miembros del Cenáculo, encabezando la comisión que entrevistó a Biacchi, inventando la existencia del Club Filarmónico y dandole vida real, ser el iniciador de la fundación del Conservatorio, uno de los organizadores de la Sociedad Filarmónica y quien, al nacer ella, le había dado albergue en la Escuela de Medicina? ¿Como era posible que tantos méritos se le premiarán solo con la Vice presidencia de la Sociedad?

La explicación es bien sencilla y sumamente clara: ninguno de los miembros del Club Filarmónico alentaba miras individualistas y sí actuaban todos ellos desinteresadamente, anhelando tan solo la pronta realización de su ideal común: el progreso del arte musical patrio: y como cada uno se deba cuenta del beneficio enorme que obtendría la naciente sociedad contando con el apoyo de las personalidades del gobierno, eligieron para presidirla a don Agustín Siliceo por ser hermano de don Manuel, Ministro de Instrucción Pública y Cultos en el Gobierno de Miximiliano desde el 10 de abril del año anterior y quien era también socio fundador de la Filarmónica, pues lo había hecho ingresar como tal el doctor Durán, que por su carácter de Director de la Escuela de Medicina, estaba en relación oficial con el Ministro. Esa fué la única razón por la cual resultó electo el señor Siliceo.

La primera actuación pública de la Filarmónica se efectuó en el Salón de Actos de la Escuela Nacional de Medicina la mañana del 18 de febrero de ese año y tuvo por objeto entregarle a la eximia cantante mexicana Angela Peralta, el diploma que la acreditaba como socia de la Filarmónica y al maestro Morales, el premio a que se había hecho acreedor por el triunfo artístico obtenido mediante la representación de "Ildegonda".

No estando la Filarmónica instalada en casa propia, sufría las molestias inherentes al hospedaje y por ello tuvo que celebrar su asamble general correspondiente al mes de abril, en la casa número 11 de la calle de Tacuba y la de mayo en el edificio de la Escuela de Medicina; pero esas dificultades no eran bastantes para hacer desistir a sus dirigentes de su empeño por establecer el Conservatorio de Música lo más pronto posible, fín capital que la Filarmónica perseguía y, con ese objeto firmaron contrato de arrendamiento de la casa número 2 de la calle de San Juan de Letrán, el cual debía entrar en vigor el día 1° de mayo. Como si ese local no fuera soficiente para las necesidades a que estaba destinado, el 17 del propio mes de mayo se rentó otro, situado en la calle de Betlemitas, contiguo al Teatro Imperial.

Que la Filarmónica ocupo al mismo tiempo ambos locales, es cosa que tengo por segura, puesto que mis investigaciones me han hecho conocer tres datos que así lo prueban: 1) en dicho mes de mayo la Filarmónica mandó pintar un rótulo anunciando la Escuela de Música para colocarlo en la casa de San Juan de Letrán; 2) el día 13 de junio siguiente, se efectuó en dicho local el primer concierto privado que organizó la Sociedad; y 3) el 15 del propio mes de junio se mandó hacer una vidriera para usarla en la casa de Betlemitas. ¿Cuánto tiempo duró la Filarmónica albergada en estos dos locales? ¿Qué labor realizó en ellos? ¿Cuál fué el resultado de esa labor? He aquí tres puntos históricos que mis investigaciones apenas me han permitido entrever, estando en posibilidad de suponer con algún fundamento, que su estancia en ellos fué cortísima: unos ocho meses en el primero y dos o cuatro en el segundo; respecto a la labor desarrollada solo puedo afirmar la realización de algunos conciertos privados en el primer local, pero ignoro lo actuado en el segundo, así como lo hecho en ambos respecto a pedagogía musical.

En vista de lo expuesto, se impone esta interrogación ¿Con qué fecha y dónde se instaló definitivamente el Conservatorio de la Filarmónica? Sabemos el lugar pero no la fecha, no obstante que se ha venido aceptando la del 16 de enero de 1866, aunque sin la menor prueba documental. Hasta donde yo sé, el maestro Melesio Morales fué quien asentó como válida esa fecha inexacta, consignándola a páginas 3 de su# Reseña que leyó a sus amigos en la celebración de sus bodas de oro y del cuadragésimo aniversario de la fundación del Conservatorio de Música. Febrero de 1906".-impreso en México, en la Imprenta del Comercio de Juan E. Barbero, Calle del Corazón de Jesús número 1 el año de 1907, y robusteciendo el error el Dr. Eduardo Liceaga y el Ing. Antonio García Cubas, al firmar, en unión del maestro Morales y con su calidad de únicos supervivientes de la Filarmónica, una breve reseña de la "Fundación del Conservatorio" publicada a páginas 35-38 del Folleto del Maestro Morales que acabo de mencionar.

Como todos los escritores contemporáneos que refieren ese acontecimiento se han documentado en el folleto del maestro Morales suponiendo exactas las noticias que consigna, han repetido lo que allí se dice y la errónea fecha del 15 de enero de 1866 ha cobrado ya fuerza de verdad. Se explica el error en que incurrieron los tres mencionados supervivientes, por haber escrito cuarenta años después del suceso y como es seguro que al hacerlo, se confiaron a su memoria, la fecha exacta de la fundación del Conservatorio se les trasversó en su recuerdo. Fundo ésta hipotesis en que uno de los firmantes de la Reseña Histórica aludida, el Ingeniero García Cubas, en su obra intitulada "Libro de mis recuerdos, publicada en 1904, dos años antes que el folleto del maestro Morales, asienta a páginas 524, que el "Conservatorio abrió sus clases en enero de 1868", dato igualmente inexacto y contradictorio del anterior; de ello deduzco que ninguno de los tres supervivientes poseía otra cosa que sus recuerdos y que, por ende, a los tres les pareció cierta una fecha inexacta.-

Expondré las razones en que fundo mi impugnación a la fecha dada por el maestro Morales:

1". Constituída la Sociedad Filarmónica el 14 de enero de 1866, resulta inverosímil que al día siguiente contara ya con edificio, personal docente, mobiliario, etc. etc., para haber estado en aptitud de inaugurar en esa fecha su Conservatorio.

2°.-El 21 de enero de 1866, es decir, una semana después de haberse constituído la Sociedad Filarmónica, apenas se instalaba su Junta Directiva. ¿Podía haberse inaugurado el Conservatorio, como se pretende, el 15 de enero de 1866?

3°.-He dado a conocer la existencia de un documento que prueba que el 1° de mayo de 1866, la Filarmónica apenas rentaba el local en el que pensaba instalar su Conservatorio.

4°.-El 18 de julio de 1866, la Junta Directiva participó al Ministro de Gobernación, para conocimiento del Emperador, que había quedado oficialmente instalada la "Sociedad Filarmónica" en su escrito ninguna mención se hace de su Conservatorio. ¿Es posible suponer tal omisión en quienes estaban interesados, según lo veremos después, en dar a conocer a todo el mundo su magnífico esfuerzo en pro de la enseñanza musical o es más lógico deducir de ese silencio la inexistencia en esa fecha del Plantel educativo?

5°.-El 26 de agosto, la Filarmónica hizo la distribución de Diplomas entre sus socios, acto que se llevó a cabo en el Edificio de la Escuela de Medicina; como los Catedráticos del Conservatorio eran por derecho propio, miembros de la Filarmónica, en esa ocasión se les otorgó también a diploma correspondiente. Este acto concuerda en fechas con la noticia consignada en el número 4.

Si, como se pretende, el Conservatorio hubiese abierto sus clases el 15 de enero, a sus catedráticos les habrían entregado su diploma de socios cuando lo recibieron la Peralta y el maestro Morales; si entonces no se hizo, ello nos autoriza a suponer que para esa fecha, es decir para el 18 de febrero de 1866, aún no se instalaba el Conservatorio de la Filarmónica. -

6°.-Si de las simples deducciones basadas en hechos, pasamos al examen de documentos oficiales, la certidumbre se torna en seguridad; existe uno que demuestra irrefutablemente dos cosas: I. Que la Filarmónica se fundó en enero de 1866, lo cual sabíamos ya. II.-Que su Conservatorio fué inaugurado en el mes de julio de ese mismo año; he aquí ese documento: "Sociedad Filarmónica Mexicana.- Excelentísimo señor.- JOSE IGNACIO DURAN, Vicepresidente de la Sociedad Filarmónica Mexicana, ante V. E. con el respeto debido comparezco diciendo: que el incremento que ha tomado la Sociedad en menos de un año y sobre todo el Conservatorio de Música en seis meses que lleva de existencia, han excedido a nuestras esperanzas; porque no sólo ha aumentado el número de sus discípulos que concurren diariamente a recibir su enseñanza, sino que se han aumentado también las cátedras que allí se cursan con las interesantísimas de la Historia Antigua y Moderna de México, de Gimnástica Higiénica y de Instrumentos de Madera; viniendo a ser el Conservatorio por el numeroso personal de un Director, veinte catedráticos, y cerca de cuatrocientos alumnos, tanto como pueden serlo los demás destinados en México a la enseñanza de las ciencias.- Pues bien: un plantel que ha comenzado en tan buenos auspicios, que promete tantas esperanzas para el porvenir, carece absolutamente de un local que ofrezca las condiciones que exigen su importancia y magnitud; porque desde su apertura vive huésped, por decirlo así, en la casa del señor don Agustín Caballero, quien con una laudable abnegación y positivo perjuicio de sus intereses; primero lleno de amor por el bello arte que cultiva, lo puso a disposición de la Sociedad, V.E. conocerá que estos sacrificios del señor Caballero no deben ser indefinidos y sobre todo que una casa particular no puede contener el Conservatorio, sino con grandes molestias para el dueño de ella, de los catedráticos y de los concursantes, y desde luego comprenderá por qué la Junta Directiva con gran sentimiento ha tenido precisión de dar punto a las inscripciones de nuevos alumnos.- Este grave inconveniente es el que me trae ante V.E. con la esperanza de que su ilustración y notorio celo por todo lo que tiene relación con la enseñanza pública, atenderá a los deseos de la Sociedad que paso a manifestar: Existe en el Convento de Jesús María de esta Capital un lote, que hoy está ocupado por un Hospital Militar del Cuerpo Expedicionario Francés: este lote, de la propiedad de la Corporación que V. E preside, fué vendido hace tiempo y conforme a las disposiciones legales a un señor Carballeda, pero como este señor no cumplió con sus compromisos, es decir, no llenó las condiciones que la ley impone a los compradores de bienes de esta clase, se rescindió el contrato, volviendo aquel edificio a la propiedad del H. Ayuntamiento. Ahora bien; la Sociedad Filarmónica pretende subrogarse el lugar del antiguo comprador adquiriendo el mismo lote y por igual precio, a censo reservativo y con el rédito del 6 % anual que es la forma de contrato que permiten las leyes vigentes: cree que es de obvia resolución su pretención cuando V. E. ya había prestado su aquiescencia a igual renta al señor Carballeda, no cambiando hoy las condiciones esenciales del contrato; y por lo demás, V. E. al observar los preceptos de la Ley tenderá su mano protectora a una Institución nueva en nuestro país, que, aunque en su cuna, cuenta ya con grandes elementos de vida que extienden la esfera de conocimientos poniéndolos al alcance de todas las clases de la sociedad y que hará honor a la cultura e ilustración de México.- Por estas razones me lisonjeo de que esta respetuosa exposición será bien acogida por ese ilustrado cuerpo, y, en tal confianza, A Usted suplico se sirva atender a su contenido, acordando de perfecta conformidad.-México, diciembre 4 de 1886.-J. Ignacio Durán. Rúbrica"

Del anterior documento oficial, cuya fuerza histórica es indiscutible, se deducen los hechos siguientes:

1°.-A pesar de los múltiples esfuerzos que la Sociedad Filarmónica Mexicana realizó durante los primeros meses de su vida, no le hubo sido posible, en ese lapso, establecer su Conservatorio de Música;

2°.-Con el objeto de allanar las dificultades con que tropezaba la filarmónica, el socio fundador presbítero don Agustín Caballero ofreció su casa ubicada en la esquina de las calles 1a. del Factor y Canoa, y en la que, desde tiempo atrás, se hallaba establecida su Academia de Música, para que en ella se albergase el Conservatorio.

3°.-Por ese su rasgo generoso, el padre Caballero fué designado director del naciente Plantel, en lugar de serlo don Tomás León, a quien por derecho propio correspondía ese puesto, como jefe del cenáculo artístico en cuyo seno había nacido el Club Filarmónico, transformado más tarde en Sociedad Filarmónica de México, para estar en aptitud de fundar el Conservatorio de Música.

4°.-La instalación del Conservatorio en la casa del padre Caballero debió realizarse a fines de junio o a principios de julio del año de 1866 y no el 14 de enero de ese año, como erróneamente lo han afirmado con suma posterioridad a los acontecimientos, los tres supervivientes de aquellos: el maestro Melesio Morales, el ingeniero Antonio García Cubas y el doctor Eduardo Liceaga.

En concepto mío, fracasó el Conservatorio que la Filarmónica pretendía instalar provisionalmente en la casa número 2 de la calle de San Juan de Letrán, y cuyas consecuencias subsanó el padre Caballero al brindar su domicilio, debido al ataque sistemático, enconado y oculto de que fué objeto la Filarmónica y su plantel educativo, de parte de los músicos militantes, quienes temían ver desplazar sus fuentes de ingreso pecuniario por la naciente institución pedagógica musical, y por ello los murmuradores hicieron circular la especie de que el descontento del gremio filarmónico era causado porque sabía que la fundación del Conservatorio implicaba una hábil maniobra urdida por un grupo de médicos y de abogados, gente que nada tenía que ver con la música ni sabía de su enseñanza ni de sus problemas económicos y sociales, pero maestra en la intriga y en la realización de tramas ocultas y las cuales al fundarse el Conservatorio tenían por objeto acaparar a todos los alumnos particulares de música.-

El Lic. don José Urbano Fonseca, de inmaculada reputación como organizador de centros docentes y de brillantísima ejecutoria como pedagogo, tuvo que hacer frente a tan ruín procedimiento y en nombre de la Sección de Enseñanza Musical de la Sociedad Filarmónica Mexicana, de la que era Presidente, subscribió la Circular cuya parte conducente se transcribe a continuación y que fué enviada con fecha 12 de abril de 1866 a los músicos agremiados a la Filarmónica:

"La Comisión de Reglamentos ha llegado a entender que los músicos de profesión, que no comprenden sus intereses, hacen una oposición sorda a la Sociedad y a sus benéficas instituciones, persuadidos erróneamente esos opositores de que la enseñanza que se imparta gratuitamente por los maestros que pague la Sociedad Filarmónica ha de perjudicarles a los otros maestros actuales, porque les arrebataría las pocas lecciones que hoy tienen de paga y que les sirven de auxilio para pasar la vida.-

La Comisión cree que este mal se debe y puede evitar; porque lejos que sus miras sean las de perjudicar a nadie, las tiene por el contrario de beneficiar a la clase que forman los músicos y si no acierta en los medios, no hay por esto motivo para hacerle la guerra, sino para indicarle cuáles sean los que deban adoptarse, pues para eso están abiertos los registros de la Sociedad y dispuestas *a* recibir a todas las personas que quieran concurrir a esa obra meritoria, de regenerar una clase útil a la Sociedad y procurar su bienestar y su progreso. El mal que se indica, aunque tiene mucho de egoísmo y descansa en un concepto falso, como el que permanezca estacionario en México el número de los alumnos de paga aún cuando se generalice más el gusto por la música y las necesidades musicales, puede fácilmente prevenirse y remediarse con lo admitirse por la Sociedad Filarmónica en sus escuelas a ningún discípulo que pueda pagar su enseñanza, sino a los que entre otras calidades tengan la de ser pobres y no puedan costear su aprendizaje. La Comisión de Reglamentos juzga que fuera de los hijos de los músicos, que serían admitidos en sus aulas, por ese solo título, han de exigirse con tal escrupulosidad las condiciones de la recepción, que no debe temerse que entren los que tengan atributos para recibir por paga la enseñanza, de manera que ese mal es puramente imaginario, como lo serán todos si continuamos, como no lo dudo, estudiando las necesidades del arte y de los artistas para procurar su remedio.- La Comisión se propone seguir desatendiéndose por ahora de esa oposición infundada de que se habla".-

No es difícil aceptar como probable, puesto que tienen en su favor todas las apariencias de factibilidad, el que la Filarmónica, para vencer la solapada oposición que a sus tendencias educativas le hacían sus equivocados enemigos, decidió poner a su naciente Conservatorio bajo le égida de los prestigios - pedagógicos del padre Caballero, a quien todos los músicos mexicanos estimaban como incapaz de cualquier acción reprobable y a ello se haya debido el acuerdo para su traslado de la casa número 2 de San Juan de Letrán, al local ocupado por la Academia de Música de dicho Sacerdote, ubicada según se dijo ya, en la esquina formada por las calles 1a. del Factor (hoy 1a. de Allende) y la Canoa (hoy 4a. de Donceles), casa que hoy ocupa el Montepío Luz Saviñón, aceptándose a la vez que dicha Academia quedara refundida en él Conservatorio y que el padre Caballero asumiera la dirección del nuevo Plantel.

Es necesario hacer notar, por ser de justicia, que por requerirlo así las necesidades vitales de la Institución, dos personas ajenas a Cenáculo León, aunque cada una de ellas con grandes méritos personales y prestigio indiscutible, como don Agustín Siliceo y el padre Agustín Caballero, ocuparon los más altos puestos de la Filarmónica; su presidencia y la Dirección de su Conservatorio, y cuyos actos se realizaron con visible detrimento de los legítimos derechos del doctor Durán y del maestro León respectivamente, no solo sin la menor protesta de los postergados, sino con el aplauso sincero y cordial de ellos. ¡Que enorme era su desinterés, qué grande su generosidad y que acendrado su cariño por la evolución musical de México! ¡Loor eterno a ellos!

Una vez instalado el Conservatorio en la Academia Caballero, la Directiva de la Filarmónica se encontró con que tenía que resolver satisfactoriamente dos problemas económicos: el del pago de la renta del nuevo local y el del sueldo del Director del Plantel; con el objeto de adquirir los fondos necesarios para cubrir estas necesidades nuevas, se acordó gestionar la aquiescencia del Ayuntamiento Capitalino para refundir en el naciente Conservatorio la Academia Municipal de Música y Dibujo que dirigía la señorita Profesora Luz Oropeza, a efecto de que la Filarmónica pudiera disponer en su provecho de la subvención destinada al sostenimiento de dicha Academia; y del Gobierno imperial la suya, para que cediera a la Filarmónica el tercio de las utilidades producidas por la lotería destinada al fomento de la enseñanza.

Ambas gestiones se llevaron a cabo con muy buenos resultados, ya que con fecha 29 de agosto de 1866 el Ayuntamiento accedió a que su Academia de Música y Pintura quedara refundida en el Conservatorio, entrando éste en posesión de los muebles y enceres y de la subvención de aquella y el 12 de noviembre de ese año, el Ministro Imperial de Gobernación comunicó que S. M. había concedido a la Filarmónica el tercio de las utilidades de la Lotería de la Enseñanza, derogando así la negativa que acerca del particular había dado el 21 de agosto anterior; gracias a estos arbitrios estuvo la Filarmónica en aptitud de pagar mensualmente, a partir del 1º de enero de 1867, la cantidad de $50.00 por concepto de renta y la de $30.00 como sueldo del Director.

En vista de que tales ingresos, unidos a las cuotas mensuales que pagaban regularmente los socios titulares y los benefactores, eran aún insuficientes para cubrir los crecidos gastos que demandaba el sostenimiento del Conservatorio, la Junta Directiva acordó que la Sociedad organizara conciertos públicos, cuyos productos se destinarían a engrosar los fondos de la Filarmónica; el primero de esos conciertos se efectuó el 7 de septiembre, cuyo programa transcribo a continuación en vista de su importancia histórica.

El programa consta de cuatro páginas de 20½ X 27 centímetros, impreso en papel blanco.

Primera página.-Dentro de un marco: Gran Teatro Imperial. Primer Gran Concierto Vocal, Instrumental y de Orfeonismo de la Sociedad Filarmónica Mexicana, que tendrá lugar La noche del Viernes 7 de septiembre de 1866. (Un adorno tipográfico) Imp. de A. Boix.

Segunda Página.-La Sociedad Filarmónica Mexicana, Conforme al artículo 50 de su Reglamento, ha organizado su Primer Concierto Público y merced a la entusiasta cooperación de los Socios Profesores, aficionados, y alumnos que forman su sección musical, puede demostrar en esta solemnidad una parte de los elementos con que cuenta para llevar a cabo el filantrópico y grandioso objeto de su institución, así como patentizar los adelantos que hacen augurar bien del porvenir que la espera. Los productos de dicho Concierto han de dedicarse a cubrir los gastos considerables de instalación del CONSERVATORIO DE MUSICA de la Sociedad, en el que, en la actualidad, reciben gratuitamente su instrucción musical más de tres cientos alumnos: este solo hecho ha bastado para que los miembros filarmónicos de la asociación presten á porfía y con noble estímulo sus interesantes servicios para la organización del presente Concierto, y bastará también para que el público acuda a él cooperando así a un objeto esencialmente benéfico, y disfrutando á la vez de un momento de tierno y agradable solaz. La Sociedad pide á este mismo público simpatía e indulgencia para las niñas de su Conservatorio y para las Señorita y Señores aficionados que han dominado su timidéz y, fortalecidos por la convicción de que van á hacer una buena obra, se han dignado, con el celo más laudable, cooperar el brillo de la función que se anuncia.- Reciban desde ahora /todas y todos la expresión de profunda gratitud de sus consocios. POR LA JUNTA DE FUNCIONARIOS: El Secretario de la Sociedad Filarmónica Mexicana, Dr. E. Liceada.

Tercera Página. PROGRAMA Primera Parte I. Obertura del maestro Bottesini dedicada por su autor a la Orquesta de la Ópera Italiana de México. II. Coro de la Ópera de Mercadante IL GIURAMENTO (La stella del matin....) cantado por CIENTO CINCUENTA NIÑAS Alumnas del Conservatorio de Música de la Sociedad Filarmónica Mexicana. Director....Sr. Bruno Flores. III. Duo de Soprano y Baritono de la ópera de Petrella IONE, (L'ami tanto), cantado por la señora Amada Cuervo de Fullong y el Sr. D. Francisco Alfaro. IV. 6º "AIR VARIE" para violín, de C. Bériot, ejecutado por el niño Jacinto Osorno, acompañado en el piano por la niña Jesús Douclox. V. Coro Alemán: Das Lirchlein, (la capilla del monte) de F. Abt. para voces solas cantado por los señores socios miembros del Club particular alemán de México. Director...... Sr D. Teodoro Leede. VI. SOUVENIR DE CHATEAUBRIAND, fantasía poética para piano por Alfredo Quidant, ejecutada por una señorita socia aficionada. VII. GRAN FINAL DEL PRIMER ACTO de la ópera de Mercadante LA VESTAL (Plausi al duce!) ejecutada por 345 señoras y señores, miembros todos de la Sociedad Filarmónica. Acompañamiento de orquesta, banda militar austro-mexicana y 12 pianos de cola tocados cada uno a 4 manos por 12 señoritas y 12 caballeros. Partes principales: Señoritas: Concepción de la Peña, Jesús Sierra, Antonio Trisio Señores: Hermosillo (D. Alberto), Montes (D. Nestor), González (D. José María), Urquiaga (D. Jesús). Director.... Sr. D. Bruno Flores. Segunda Parte I. SINFONIA inédita del célebre maestro mexicano BERISTAIN, ejecutada por la Orquesta. /II. CORO de la ópera de Verdi GIOVANNA D'ARCO (Tu sei bella). cantado por CIEN alumnas del Conservatorio con acompañamiento de Orquesta. Director....Sr.Bruno Flores. Página Cuarta. III.- Coro del RATAPLAN (con tambor obligado) de la última óera de Verdi LA FORZA DEL DESTINO, cantado por la señorita María de Jesús Contreras, acompañada por las señoritas y señores aficionados de la Sociedad Filarmónica. Director....Sr. D. Julio Ituarte. IV.-CORO Alemán "Die jungen Musikanten" (los jóvenes diletante) de Kücken para voces solas cantado por los señores socios, miembros del Club particular Alemán. Director.... Sr. D. Teodoro Leede. V.GRAN DUO de la Ópera de Verdi MACBETH (Fatal mia Donna) para soprano y barítono, Cantado por la señorita socia aficionada María de Jesús Contreras y el señor Socio aficionado D. José María González. VI. OBERTURA de la ópera de Verdi /NABUCODONOSOR, arreglada para DOCE pianos, expresamente para este Concierto, por el Sr. D. Francisco Contreras y ejecutado por seis señoras y seis señores miembros de la Sociedad Filarmónica. Señoritas: Acosta, Guirao, Guillén, Michaud, Olatea, Wagner señores: Bablot, Ituarte, Leede, San Román, Siliceo, Valadez. VII. Gran FINAL DEL primer acto de la ópera de Verdi, MACBETH, SCHiudi infierno), cantado por las señoritas María de Jesús Contreras y Guadalupe Espejo y los señores Hermosillo, Montes, Cortés y Monroy, acompañados por las Señoritas y Socios aficionados. Director...... Sr. D. Francisco Contreras COMENZARA EL CONCIERTO A LAS OCHO EN PUNTO. Precios de las localidades. Plateas, palcos primeros y segundos con 8 entradas, $16.00 Balcones y lunetas con cojín.....2.12½ Entrada a palcos perceros... 1.50 Galeria... 0.75. Queda abierto el expendio de billetes en el Teatro Imperial, desde el miercoles 5, a las ocho de la mañana a las seis de la tarde. A los señores propietarios y a los señores miembros de la Sociedad Filarmónica se les expenderán los boletos hasta el miercoles 5 a las seis de la tarde, desde cuya hora se distribuirán a todas las personas en general que los soliciten".

Después de este Concierto público, la Filarmónica organizó uno privado que se efectuó a las ocho de la noche del miércoles 7 de noviembre de ese año, "En el edificio de san Juan de Letrán," según reza el programa respectivo, el cual, como el anterior, pertenecen a mi colección particular.

El programa del concierto privado nos revela dos hechos interesantes para la historia de la Filarmónica; que en noviembre de 1866 ésta ocupaba todavía el local de San Juan de Letrán, destinándolo para sala de Conciertos y que su presidente, don Manuel Siliceo, pianista de no muy altos alcances, se afanaba hasta donde más podía por desempeñar airosamente su papel de miembro de la Filarmónica y merecer de sus consocios la necesaria estimación artística, puesto que en dicho acto desempeñó los números siguientes: I. Obertura de Felsenmuhle, de C. Burchard, que ejecutó a cuatro manos en dos pianos, en compañía de los profesores Contreras, Chavez e Ituarte; y VI a) Canon de Nabucodonosor (S'appressan glistanti) de G. Verdi, cantado por las señoritas Dolores Jáuregui y Jesús Leonardi y los señores Giboin, González, señoritas y señores aficionados y b) Aria del Delirio, por el señor González, cuyas obras dirigió el señor Siliceo.

¿Hasta cuando dejó la Filarmónica de ser arrendataria de la casa de San Juan de Letrán? Conjeturo que lo fué probablemente hasta fines de este año, ya que a principios del siguiente mandó imprimir la circular que a continuación transcribo, tomándola también de mi archivo particular:

"Sociedad Filarmónica Mexicana"

"La Comisión de Conciertos suplica a usted se sirva concurrir el del corriente, a las siete y media de la noche al ensayo que tendrá lugar en el salón de la Escuela de Medicina.

Los estudios comenzarán a las ocho en punto.

México,   de   de 1867. -

El Prosecretario.

F. Ortega.

EN PREPARACION:

Stabat Mater de Rossini (Para concierto privado)

Coro de los Soldados, de FAUSTO.

Coro de la Kermés, de idem.

Coro de Mercado de IONE.

Coro final de Idem.

Final de Norma

Ella demuestra que para entonces ya no se poseía en arrendamiento el mencionado salón, que era en donde se efectuaban los ensayos, puesto que había la necesidad de realizarlos en la Escuela de Medicina, edificio ajeno a la Sociedad; nos permite también suponer que estando ya definitivamente alojado el Conservatorio en la casa del Padre Caballero, la Junta Directiva estimó inútil continuar rentando el salón en el que se pensó establecerlo, pero que no pudo utilizar para ello quizá por su reducida capacidad o por las causas que ya apunté.

Para terminar más airosamente su primer año de vida, la Filarmónica acordó editar su "Revista Musical, cuyo título sería el de "Armonía" y, para el efecto, el 20 de diciembre solicitó del Ministro de Gobernación el permiso correspondiente para publicarla dos veces al mes, dando a conocer en sus páginas obras musicales inéditas de autores mexicanos; en virtud del estado político por el que atravesaba el país, se hacía en la solicitud la salvedad de que la revista "no se inmiscuiría en política".

El primer número de "Armonía" se mandó imprimir el 10 de noviembre en la casa de A. Zamora y su costo fué de $72.00, mientras que el segundo, ordenado al mismo impresor el 23 del propio mes, costó solamente $46.20. Ignoro la causa de esta diferencia en el precio de un número a otro, porque a pesar de mi empeño, no he podido conocer un solo ejemplar de dicha revista.

Sospecho que la diferencia de fechas entre la impresión de los dos primeros números de Armonía y la solicitud para obtener del Gobierno el permiso correspondiente para su circulación, se debió a que era indispensable acompañar al documento en que se solicitaba dicho permiso, uno o dos números del periódico, para que en vista de los ejemplares, el Ministro de Gobernación acordara lo que hubiere lugar.

Así transcurrió el primer año de vida de esta benemérita sociedad, luchabdo afanosamente por lograr consolidarse y alcanzando los triunfos más rotundos. ¡Cuanto puede la abnegación y la constancia de los hombres que saben iluminar sus pasos con la luz del ideal!

Los nombres venerados del maestro don Tomás León y del doctor don José Ignacio Durán no han sido honrados aún por el Conservatorio Nacional, a causa de ser ambos desconocidos por nuestros historiadores y por nuestros músicos, como los de las dos personas a quien se debe especialmente la existencia de nuestra máxima casa de estudios musicales.

En noviembre de 1933, con motivo del primer Congreso Mexicano de Historia efectuado en la ciudad de Oaxaca, se tuvo la honra, como representante del Conservatorio Nacional, de dar a conocer la figura del insigne maestro michoacano don José Mariano Elízaga, como la del fundador, en la ciudad de México, del primer Conservatorio de América, biografía que mereció el honor de que su publicación fuera recomendada por dicho Congreso y de que ésta fuese llevada a cabo en 1934 por el Departamento de Bellas Artes de la Secretaría de Educación Pública, para conmemorar la inauguración del Palacio de Bellas Artes; ahora correspóndeme un nuevo honor, al presentar a los dos esclarecidos varones que mediante su desinterés, su constancia y su amor a la música, dieron vida a nuestro Conservatorio Nacional, cuya Institución les rinde le pleitesía de su devoción, haciendo figurar este trabajo mío en el primer Tomo de sus Anales.

México, julio de 1939.

PARTE FINAL

DEL

REGLAMENTO VIGENTE DEL

CONSERVATORIO

Reglamento del Conservatorio Nacional de Música.

(2ª parte).

TITULO CUARTO. -

DEL PERSONAL TECNICO.

CAPITULO PRIMERO. –

Art. 126.- El Conservatorio Nacional de Música estará regido por un Director y un Consejo de Profesores, cuyas atribuciones tendrán por objeto velar por la mejor marcha educativa y disciplinaria del Plantel.-

Art. 127.- El Consejo de Profesores se integrará por un catedrático y un alumno, representante de cada una de las siguientes asignaturas musicales: Solfeo y Canto Coral, Composición y Análisis, Canto, Piano, Instrumentos de Cuerda, Instrumentos de Aliento, madera y metal, un representante del Coro, un representante de la Orquesta; y cuatro representantes, dos catedráticos y dos alumnos, de las materias Académicas y un representante por cada uno de los sectores, obrero, campesino y militar. -

Art. 128.- Los consejeros serán electos por las Juntas Especiales de las respectivas asignaturas; durarán en su cargo un año escolar y se renovarán el primer mes de labores docentes. -

Art. 129.- El Consejos se reunirá una ves al mes, bajo la presidencia del Director y los acuerdos y resoluciones que se toman será previa discusión y se decidirá por mayoría de votos.- El Presidente de la Sociedad de Alumnos podrá asistir a las sesiones con voz informativa. -

Art. 130.- Son deberes y atribuciones del Consejo de Profesores:

a) - Conocer del Plan de Estudios, del Reglamento, de los Programas y, en general, de las leyes disciplinarias y docentes; estudiar y resolver las objeciones y reformas propuestas a dichos Estatutos por las Juntas Especiales de asignaturas o formuladas por las mismas; procurar el mejor resultado de las juntas especiales de asignaturas en su cooperación pedagógica y promover la organización de cursos especiales para el mejoramiente profesional del personal docente. -

b) - Estudiar, discutir y aprobar, en su caso los programas de estudios y proyectos emanados de las juntas especiales de asignaturas. -

c) - Vigilar el estricto cumplimiento del Plan de Estudios, Reglamentos y Programas de clases y juzgar de las violaciones que afectan la disciplina artística de los cursos o el órden del Plantel, juzgando al contraventor, para imponer las sanciones a que se hubieron hecho acreedores. -

d) - Imponer las sanciones reglamentarias a las infracciones sometidos a su consideración. -

e) - Desempañar las comisiones conferidas por el Consejo.

f) - Fomentar en el seno del Consejo, la observancia, el estudio y la consulta de todos los problemas docentes, educativos, artísticos y económicos. -

g) - Contestar las consultas a las juntas especiales, así como las formuladas por profesores y alumnos.

h) - Fomentar la cordialidad y el respeto entre profesores y alumnos, a fín de conseguir el progreso y prestigio del Conservatorio. -

i) - Elegir Director en funciones de provisional a falta repentina del titular. -

j) - Entregar al Director del Plantel, para su inmediato cumplimiento, los dictámenes y proyectos ya discutidos y aprobados que se lo hubieran sometido a su consideración. -

k) - Dictar las medidas necesarias para que se cumpla con un programa de acción social. -

CAPITULO SEGUNDO. -

Del Director. -

Art. 131.-Son atribuciones del Director: -

a) - Compartir con el Consejo de Profesores y con la aprobación de la Secretaría de Educación Pública, en su caso, la responsabilidad de la marcha técnica y artística del Plantel, de acuerdo con lo que prescribe el presente Plan de Estudios y Reglamente.

b) - Presidir el Consejo de Profesores en sus sesiones ordinarias y extraordinarias. -

c) - Coordinar la enseñanza con las necesidades de la vida práctica, de tal suerte que el alumnado encuentre fuera del Plantel, oportunidades de constante perfeccionamiento artístico y social. -

d) - Dirigir las actividades técnicas y artísticas del Plantel.

e) - Vigilar el mantenimiento de la disciplina interior así como de la higiene del Plantel. -

f) - Proponer ante la Delegación Sindical y después ante la Superioridad y de acuerdo con el Reglamento respectivo, la remoción y ascenso de empleados y profesores.

g) - Velar por el mejor cumplimiento de los Programas de Estudios, dictando las medidas concretas que para el efecto sean conducentes, para lo cual visitará periódicamente las clases observando su marcha general.

h) - Designar los Jurados para las pruebas reglamentarias y nombrar las Comisiones para los asuntos de interés profesional o administrativo.

i) - Dictar las medidas y aplicar las sanciones correspondientes, en los términos de este Plan de Estudios y Reglamento.

j) - Organizar periódicamente ciclos de Conferencias acordes con las realidades del medio ambiente musical, para cohonestar actividades músico-profesionales con todos los problemas de mayor trascendencia social y artística. -

k) - Autorizar los gastos menores del Plantel. -

l) - Iniciar ante el Departamento de Bellas Artes, todo aquello que tienda al mejoramiento técnico, moral y administrativo del Plantel. -

m) - Informar mensualmente al Departamento de Bellas Artes, todo aquello que tienda al mejoramiento técnico, moral y administrativo del Plantel. -

n) - Presentar cada fin de año escolar un informe de las actividades escolares desarrolladas en el Conservatorio, en relación con los programas de trabajo, expresando los resultados obtenidos de acuerdo con el aprovechamiento de las experiencias adquiridas en la enseñanza.

Art. 132.-Para ser Director del Conservatorio, se requiere:

a) - Ser mexicano por nacimiento.

b) - Ser de reconocida autoridad musical.

c) - Haber cursado algunas de las carreras establecidas en el Conservatorio.

d) - Poseer el título profesional correspondiente o tener algún grado universitario relacionado con los estudios musicales.

e) - Haberse distinguido en trabajos docentes o de divulgación artística.

Art. 133.-El Director será el conducto por el cual se comunicará el Conservatorio con las diversas autoridades de la Secretaria de Educación Pública. -

Art. 134.-La Dirección rendirá al Departamento de Bellas-Artes, los informes parciales, mensuales y un resumen anual de las labores educacionales y artísticas que se hayan realizado en el Conservatorio. -

CAPITULO TERCERO. -

De las Juntas Especiales de Asignaturas. -

Art. 135.-A efecto de que las asignaturas que se imparten están siempre al corriente de los últimos progresos pedagógico técnicos, y con el fín de justificar ampliamente el objeto profesional del Conservatorio, se instituyen en su seño las Juntas Especiales de Asignaturas. -

Art. 136.-Las asignaturas de Solfeo y Canto Coral, Canto, Instrumentos de teclado, Instrumentos de Cuerda, Instrumentos de Aliento, madera y metal, composición y materias científico filosóficas e Idiomas, contarán cada una con su Junta Especial integrada por los catedráticos de las propias asignaturas y por alumnos de las mismas. -

Art. 137.-Cada junta de asignaturas sesionará por separado de las demás y se reunirán mensualmente bajo la Presidencia del Director del Plantel, o en ausencia de este, de la del Catedrático Consejero de la asignatura.

Art. 138.-Cada Junta Especial de asignatura, al principiar el año escolar, elegirá dentro de sus miembros al Catedrático que representando a la asignatura, integre el Consejo de Profesores del Plantel. -

Art. 139.-Los alumnos que integran las Juntas Especiales de Asignaturas, deberán ser regulares en la materia que representen, haberse distinguido en ella y, si posible fuere, cursar el último año de su carrera. -

Art. 140.-Deberas y atribuciones de las Juntas Especiales de asignaturas: -

a) - Estudiar las iniciativas y proyectos educativos, artísticos o técnicos que sobre diferentes tópicos músico-técnicos, presentaren los diversos componentes de dichas Juntas. -

b) - Enviar por conducto de la Dirección del Plantel, a la consideración del H. Consejo de Profesores para su discusión o implantación previa aprobación de éste, los diversos proyectos elaborados en el seno de las Juntas. -

c) - Velar por el estricto cumplimiento del Plan de Estudios Reglamento y Programas; evitar todas las contravenciones a ellos, de cuyas infracciones darán cuenta en todo caso, a la Dirección del Plantel, y al Consejo de Profesores.

d) - Someter a la aprobación del Consejo de Profesores, la aplicación de las canciones reglamentarias, proponiendo las que en su concepto, ameriten un órden disciplinario.

e) - Acoger y der forma legal a las justas aspiraciones e iniciativas del alumnado, haciéndolas llegar hasta el personal docente del Plantel.

f) - Coordinar los trabajos discutidos acerca de organización y de disciplina mental y moral del alumnado. -

g) - Formular de acuerdo con los programas correspondientes los cuestionarios, pruebas y trabajos a que se sujetaran los reconocimientos y exámenes.

h) - Orientar pedagógicamente los métodos de la enseñanza y unificar los sistemas de las diversas cátedras de una misma asignatura a efecto de mejorar las actividades docentes. -

i) - Observar el medie en que se desenvuelvan las actividades educacionales, técnicas y artísticas de sus respectivas especialidades, y estudiar sus diferentes aspectos, consultando, cuando sea necesario, a especialistas o a instituciones adecuadas nacionales o extranjeras, a efecto de proponer lo conducente.

j) - Organizar, con los alumnos representantes y con los compañeros que éstos se alleguen, conjuntos musicales o comités directivos de actividades artísticas que por medio de audiciones públicas remuneradas y conferencias, contribuyan a la orientación musical, fuera del Plantel.

k) - Elegir, de entre sus miembros, al catedrático que debe presidir la sesión, cuando por ausencia del C. Director, el Catedrático Consejero esté a su vez ausente, o no quiera aceptar la Presidencia porque tenga que sostener e impugnar algún asunto.

Art. 141.- Los acuerdos tomados por las Juntas Especiales de Asignaturas, así como los proyectos discutidos por ellas, serán sometidas al Consejo de Profesoras, el cual decidirá por mayoría previa discusión, si se aprueban, y en caso contrario se vuelven al seno de la Comisión para ser reconsiderados o se desechan definitivamente.

CAPITULO CUARTO.

De las Catedráticos. -

Art. 142.-Señor obligaciones de los Catedráticos:

a) - Tener un título correspondiente a la asignatura que desempeña, conferido por el Conservatorio o por la Universidad.

b) - Revisar oportunamente los Programas de sus asignaturas de acuerdo con las necesidades educativas, en relación con el Plan de Estudios.

c) - Cumplir con las disposiciones reglamentarias y velar por el cumplimiento de la disciplina en las clases.

d) - Asistir con puntualidad a las cátedras y comisiones que se les confieran.

e) - Recabar de los alumnos su tarjeta de inscripción a efecto de no admitir en sus clases a los que por alguna causa no tuvieren derecho o están suspensos. -

f) - Aplicar las sanciones que fueren necesarias, de acuerdo con el Reglamento del Conservatorio, en lo que concierne a la asistencia de alumnos a las clases. -

g) - Prohibir a los alumnos del Conservatorio, inscriptos en sus respectivas clases, tomar parte en audiciones de Academias Particulares, extraño al Plantel, actuando como Solistas. -

h) - Colaborar en los actos artísticos, privados y públicos del Conservatorio y del Departamento de Bellas Artes, previa remuneración extra-cátedra, en el último de dichos casos. -

i) - Respetar las decisiones que en la promoción de materias, reconocimientos o años de estudios, hayan oído pronunciadas por los durados oficiales del Plantel, respecto de los alumnos examinados. -

j) - Justificar sus faltas de asistencia por enfermedad, comisión o licencia.

k) - Asistir con estricta puntualidad o las sesiones ordinarias o extraordinarias de la Juntas especiales de asignaturas, a las conferencias reglamentarias, a las audiciones en las que participen sus respectivos alumnos, comprobando su aprovechamiento, y a los reconocimientos y exámenes, cuando fueran designados por la Dirección para integrar el durado que debe actuar en esos casos, según lo prescribe en el presente Plan de Estudios. -

l) - Orientar los trabajos docentes y artísticos de los alumnos actuando como verdaderos Consejeros en vocación y capacidad. -

Art. 143.- Los catedráticos que violaren las disposiciones reglamentarias, quedarán sujetos a extrañamiento, apercibimiento de la Dirección y destitución del empleo, previa autorización de la Delegación Sindical, por parte de la Jefatura de Bellas Artes. -

Art. 144.-En la designación de catedráticos para cubrir plazas vacantes o en la creación de nuevas cátedras, deberán tener preferencia los titulados en el Conservatorio o graduados en la Universidad Nacional. -

Art. 145.-Para obtener cátedras del Conservatorio, los aspirantes deberán sujetarse a un examen de oposición, conforme a las bases que formule el H. Consejo de Profesores y Alumnos ---

TITULO QUINTO.

De la Delegación Sindical.

Art. 146.-Las autoridades de la Secretaria de Educación pública, reconociendo sus funciones societarias a la Delegación Sindical de Trabajadores de la Enseñanza del Plantel, formada por el Director, los Profesores Titulares de las diversas asignaturas y el personal administrativo, coordinarán sus determinaciones administrativas con las funciones de dicha Corporación. -

Art. 147.-La Dirección del Conservatorio Nacional tomará en consideración la opinión del Comité Directivo de la Delegación sindical, para todo asunto de orden administrativo que así lo amerite. -

Art. 148.-La Dirección de acuerdo con la Delegación propondrá para cubrir un puesto vacante de carácter decente o administrativo, a cualquiera de los socios de la Delegación Sindical o a persona ajena al Conservatorio que por su lugar en el escalafón o por haber triunfado en oposición, tenga derecho a desempeñar dicho puesto. -

Art. 149.-La organización de la Delegación Sindical de Trabajadores de la Enseñanza del Conservatorio Nacional estará de acuerdo con las leyes y estatutos del STERM y organismo que más tarde reconozca su adhesión, así como del Estatuto Jurídico para Trabajadores al servicio del Estado. -

Art. 150.-Ningún cargo en el Comité Ejecutivo de la Delegación puede ser desempeñado por un Socio que ocupe puesto de Confianza en la Administración Pública. -

Art. 151.-Si un funcionario del Comité Ejecutivo fuese nombrado para ocupar un puesto de a naturaleza indicada en el artículo anterior, deberá renunciar el que desempeñe en dicho Comité quedando como Socio con todos sus derechos y obligaciones que el Reglamento de la Delegación le otorgue. -

Art. 152.-Ningún funcionario del Comité Ejecutivo de la Delegación podrá utilizar su posición sindical para obtener ascensos o mejorías, si éstas no se ajustan a la forma provista en el escalafón que se forma. -

(Los tres últimos artículos son tomados del Reglamento Interior de la Delegación Sindical por su amplio espíritu moralizador)

CAPITULO SEXTO. -

De los alumnos. -

Art. 153.-Los alumnos del Conservatorio Nacional por el solo hecho de, aceptarán sin condiciones los preceptos que fije este Reglamento y las disposiciones que de el deriven, así como los acuerdos y reglamentaciones que dicte la Secretaría de Educación Pública o la Dirección del Plantel, sin que en ningún caso, puedan alegar ignorancia de dichos Reglamentos y acuerdos. - Los padres y tutores de los alumnos, por el hecho de que sus hijos o tu toreados estén inscriptos en el Plantel, deberán aceptar los propios ordenamientos. -

Art. 154.-Solamente los alumnos pueden concurrir al Establecimiento, ya sea para preparar o estudiar sus clases o para asistir a las cátedras. -

Art. 155.-Los alumnos del Conservatorio tienen las siguientes obligaciones: -

a) - Asistir con toda regularidad a las clases de las asignaturas en que están inscriptos. -

b) - Esperar la llegada de los profesores, un cuarto de hora después de la hora de entrada. -

c) - Consagrar a los estudios teóricos y prácticos el tiempo que permanezcan en el Plantel, cuando no están recibiendo clases.

d) - No alterar el orden del Plantel y tener siempre para sus maestros atención y cortesía.

e) - Volar por el buen orden del Plantel. No podrán dedicarse profesionalmente, más que a una de las carreras enamoradas en el artículo 20. -

f) - Reponer o pagar los instrumentos, aparatos, útiles y enceres que desarreglan o destruyan.

g) - Desempeñar las Comisiones en bien de la educación musical y asistir con toda puntualidad a los ensayos o audiciones correspondientes a en carrera artística.

h) - Ser regular en el año de su carrera para lo cual urgirá haber obtenido en los reconocimientos la aprobación de la materia de su especialidad y las complementarias correspondientes.

i) - Inscribirse oportunamente al principio de cada año escolar para continuar su carrera y no faltar a sus clases. Quien sin causa justificada no cumpliere con dichos preceptos, perderá sus derechos de inscripción, y su plaza vacante será concedida a nuevos alumnos; lo mismo acontecerá si abandona sus clases sin causa justificada.

j) - Participar, en relación con su aprovechamiento, en las audiciones que tratan los artículos 98, 99, 100, 104, 105, y 106 de este Ordenamiento, de acuerdo y con aprobación de sus respectivos maestros.

k) - Pedir a la Dirección del Plante el permiso correspondiente para poder actuar en conciertos o actos eminentemente artísticos con la especificación de ser alumnos del Conservatorio. La infracción de este precepto dará lugar la primera vez a un extrañamiento y en caso de reincidir, a la suspensión temporal o definitiva de sus derechos como alumno. -

Art. 156.-Las sanciones que se impondrán a los alumnos por faltas que cometan, serán las siguientes, las cuales podrán ser aplicadas individual o colectivamente:

a) - Amonestación. -

b) - Suspensión temporal de derechos, con aviso el padre o tutor. -

c) - Separación definitiva del Plantel, previo acuerdo del Consejo de Profesores, según la falta o faltas cometidas.

Art, 157.-Las personas graduadas en el Plantel, tendrán derecho a cubrir las vacantes que por enfermedad, licencia temporal o definitiva dejan los titulares. De acuerdo con las mismas consideraciones se cubrirán las plazas de acompañantes de las clases de canto. -

Art. 158.-En la clase de instrumentos y de canto, el número de alumnos para cada grupo no podrá ser mayor de treinta. -

Art. 159.-Las personas titulados en el Conservatorio al ejercer su profesión o tomar parte en actividades públicas deberán exponer el nombre completo de su título, quedando sujetas a las sanciones que se estime conveniente sí no cumplan con este requisito.

TITULO QUINTO.
DEL PERSONAL ADMINISTRATIVO. -

CAPITULO PRIMERO.

Del Secretario. -

Art. 160.-Son obligaciones del Secretario del Conservatorio:
I.-Atender, de acuerdo con las resoluciones del Director, el despacho de los asuntos siguientes:

a) - Inscripciones.
b) - Control de asistencia, aplicación y aprovechamiento del alumnado.
c) - Solicitudes.
d) - Documentación de exámenes.

II. -Formulará -

a) - El directorio del alumnado y del personal docente y administrativo del Plantel.
b) - Los horarios de clase.
c) - Los inventarios de las distintas dependencias del Plantel.

III. -Autorizará:

a) - Los préstamos de instrumentos.
b) - Los préstamos de obras.
c) - Las audiciones. -

IV. - Vigilará: -

a) - Las labores de sus empleados.
b) - De la Biblioteca.
c) - Del almacén y Taller de instrumentos.
d) - La asistencia de los profesores.
e) - El cumplimento de los reglamentos interiores y delas disposiciones de la Dirección.

Art. 161.-El Secretario, contará para la realización de su cometido, con la planta de empleados de la Secretaría del Plantel, con el Bibliotecario, con los encargados de la conservación y reparación de instrumentos, con el cuerpo de Prefectos, con el Conserje y servidumbre y, además con los empleados que la Dirección le comisione. -

CAPITULO SEGUNDO. -

De los empleados. -

Art. 162.-Es obligación de todo empleado del Conservatorio, cumplir con eficiencia los servicios que se le encomienden.

Los vigilantes prefectos anotarán diariamente las faltas de asistencia del profesorado, dando parte a la Dirección y tendrán a su cargo las listas de asistencia, conservando en forma de síntesis mensual, las novedades ocurridas, que expresarán en cuadros estadísticos. - Tratarán a los alumnos con la debida corrección para mantener el orden y moralidad en el interior del Plantel.- Empleados y Prefectos están obligados a cumplir los Reglamentos. -

Art. 163.-La falta de cumplimiento de las obligaciones Reglamentarias o el trastorno de las actividades disciplinarias del Plantel, ameritan medidas de extrañamiento, apercibimiento y destitución de empleo, según sean apreciadas por la Dirección del Plantel o par el Consejo de Profesores. -

CAPITULO TERCERO.

Del Bibliotecario. -

Art. 164.-La Biblioteca del Conservatorio Nacional, estará abierta todos los días útiles, de las nueve a las trece y de las 16 a las 18-30 horas, observándose para su visita las siguientes bases:

a) - Los alumnos, Profesores o personas ajenas al Plantel, que medan a la Biblioteca a consultar alguna obra de las allí existentes, no la tomarán por sí mismos, sino que la solicitarán por escrito en los esqueletos que seles proporcionarán para el efecto, en el cual harán constar la fecha, el título de las obras, el nombre del autor, y los subscribirán con su firma, sin cuyo requisito no será atendida la solicitud.

b) - Los catedráticos serán responsables del deterioro que sufran las obras que amparadas con su firma hayan sacado de la Biblioteca para utilizarlas en su cátedra o en las audiciones.

c) - Las partituras de coro u orquesta que deban utilizarse fuera del establecimiento, sólo se entregarán al Director del conjunto o al catedrático responsable, prévia autorización escrita del Director del Conservatorio, cuidando el Bibliotecario que sea devuelta inmediatamente después de terminado su uso.

d) - Fuera de los casos previstos en el inciso e) de este artículo, sólo excepcionalmente se podrá autorizar que las obras pertenecientes a la Biblioteca del Conservatorio salgan del Plantel; para el efecto, el solicitante caucionará su manejo, y la boleta que ampare el préstamo de la obra, deberá estar autorizada con la firma del Director del Plantel. -

e) - En los casos referidos por los incisos b), c) y d), de este artículo, el bibliotecario exigirá la devolución de la obra una vez extinguido el plazo del préstamo, el cual nunca excederá de quince días; si el solicitante por causas justificadas, necesitare conservar la obra, podrá retenerla en su poder otros quince días, haciendo nueva solicitud, y recabando de ella la autorización necesaria de parte del Director del Conservatorio. -

f) - El deterioro o el extravío de una obra, será reparada o repuesta por el signatario de la papeleta de solicitud, de que trate el inciso a), de este artículo.- En uno y otro case, el monte será fijado por el Bibliotecario, asistido por dos peritos designados por la Dirección del Plantel.

g) - La persona responsable del extravió o deterioro de una obra perteneciente a la Biblioteca del Conservatorio, perderá por ese sólo hecho la franquicia de poder continuar solicitando obras para su consulta. -

h) - Por ningún motivo la Biblioteca del Conservatorio facilitará, para sacarse del Plantel, aquella obra catalogada o editadas en serie, cuya reposición sea difícil, ni aquella cuya edición este agotada. - Igual prohibición retará para con los manuscritos y autógrafos. -

i) - El bibliotecario llevará un registro de las obras facilitadas, en el cual conste la fecha, el título detallado de la obra, el nombre del autor, y el nombre y domicilio del solicitante.

j) - Los casos no previstos por este artículo, serán sometidos por el Bibliotecario al Director del Plantel, para que sean resueltos por el R. Consejo de Catedráticos en uno de sus plenos. -

Art, 165.- Son obligaciones del Bibliotecario: -

a) - Conservar, bajo su estricta responsabilidad, la Biblioteca del Plantel; formar los catálogos de la misma, manteniéndolos al corriente, de acuerdo con las obras queso vayan adquiriendo; formular oportunamente las proposiciones valorizadas para la adquisición de obras de literatura musical, métodos, periódicos, revistas de arte, etc., siguiendo para ello las orientaciones ideológicas de la época y los modernos sistemas bibliográficos. -

b) - Cumplir con los mandatos del artículo 162 y hacer que los concurrentes a la Biblioteca lean en voz baja, a fin de no interrumpir a los demás. -

c) - Impedir in estancia en la Biblioteca de las personas que no concurran a ella con objeto de consultar obras allí conservadas o que no vayan a estudiar. -

d) - Marcar con el sello de la Biblioteca, todas las obras que pertenezcan a ella. -

e) - Proponer a la Secretaría de Educación, por conducto de la Dirección del Conservatorio, todo lo conducente al mejoramiento de la Biblioteca. -

f) - Formular por duplicado los inventarios de los instrumentos y accesorios, con su debida clasificación, remitiendo anualmente el duplicado a la Secretaría de Educación y conservando el original en poder de la Biblioteca a su cuidado. - Las nuevas adquisiciones las hará figurar con anotación de las fechas correspondientes y demás de talles necesarios. -

CAPITULO CUARTO. -

Del Conservador de Instrumentos y del Afinador. -

Art. 166.-Son obligaciones de esta empleado: -

I.-   Conservar en buen estado los objetos artísticos, los instrumentos musicales y sus accesorios, confiados a su responsabilidad, cuyo inventario formará por duplicado, catalogándolos de acuerdo con su correspondiente clasificación: el original lo conservará y él irá inscribiendo las nuevas adquisiciones, mientras que el duplicado lo enviará a la Secretaría de Educación.

II.-   Reconstruir y mantener en buen estado, los instrumentos de uso cotidiano en la Escuela y en la Orquesta. -

III.- Facilitar a los profesores y alumnos los instrumentos necesarios para el estudio, de acuerdo con el Reglamento siguiente:

a) - Los alumnos que carezcan e instrumento propio y necesiten usar los del Plantel, solicitarán esa franquicia a la Dirección del Establecimiento, la que acordará le conveniente. -

b) - El Conservador de instrumentos sólo hará entrega de aquel que hubiere autorizado la Dirección, recabando del alumno agraciado el recibo correspondiente, en el que constará que el préstamo no excederá de dos meses y que se obligará a pagar el importe que ocasionare la reparación inmediata de cualquier desperfecto que sufriere. -

c) - Si el préstamo fuere momentáneo, sólo urgiría que el alumno entregue su credencial al Conservador da Instrumentos, en garantía; recogiéndola al hacer la devolución - respectiva. -

d) - Salvo lo prevenido por los incisos a) y b), de este artículo, no podrán salir del Plantel los Instrumentos que sean facilitados a los profesores y alumnos para las necesidades pedagógicas del Conservatorio, perdiendo el derecho para solicitar en lo sucesivo prestamos de instrumentos.

e) - A los profesores de la Orquesta Sinfónica, que por conducto de su Director solicitan instrumentos del Conservatorio para el desempeño de sus actividades musicales, el Conservador deberá hacerles la entrega de dichos Instrumentos, en tiempo oportuno, en al mismo sitio en que deba efectuarse el ensayo o el servicio, recogiéndoseles inmediatamente después de terminado aquel.

f) - Queda prohibido efectuarlo a los miembros de la Orquesta Sinfónica, todo préstamo de Instrumentos que no sea el autorizado por el inciso e) de este artículo.

g) - Los Instrumentos que forman el Cuarteto Clásico, sólo saldrán del Departamento de Instruments, en los casos siguientes:

1.- En los ensayos, en cuyo caso el Encargado entregará dichos Instrumentos al Jefe del Cuarteto y los recogerá inmediatamente que termina el ensayo.

2.- En los Conciertos y en todos los demás actos que se efectúen fuera del Conservatorio, el Encargado situará oportunamente dichos instrumentos en el lugar en que deban efectuarse aquellos, y los recogerá inmediatamente después de terminados, quedando estrictamente prohibido el que los profesores los lleven consigo.

h) - Los pianos y demás instrumentos del Plantel, no deberán ser prestados a los particulares.

Art. 167.-Son obligaciones del Afinador:

I.- Conservar afinadas y limpios, interior y exteriormente los instrumentos de teclado, pertenecientes al Plantel.

II.- Efectuar oportuna y diligentemente las reparaciones que sean necesarias en los dichos Instrumentos de que habla la fracción I de este artículo a efecto de que estén siempre listos para las actividades artísticas y docentes.

TRANSITORIOS:

1/o.-Los alumnos del Conservatorio que estén cursando actualmente el cuarto año de su carrera, tendrán derecho a acogerse el Plan de Estudios de diciembre de 1936, en lo que respecta a materias por cursas, y los de años inferiores y de nuevo ingreso se sujetarán en todo a este Ordenamiento.

2/o.-Ningún alumno puede obtener más certificado, diploma o título que el establecido por el Plan conforme al que termino sus estudios.

ESTE PLAN FUE DISCUTIDO Y APROBADO POR EL H. CONSEJO DE PROFESORES Y ALUMNOS DEL CONSERVATORIO NACIONAL DE MUSICA, EN SESION PERSAMENTE DE LOS DIAS NUEVE, DIEZ, ONCE Y DOCE DE ENERO DE MIL NOVECIENTOS TREINTA Y NUEVE, Y POR LA DELEGACION SINDICAL DE TRABAJADORES DE LA ENSEÑANZA DEL CONSERVATORIO NACIONAL, EN LA SESION DEL DIA CATORCE DEL MISMO MES.

México, D.F., e 18 de febrero de 1939.

EL DIRECTOR,

DR. ADALBERTO GARCIA DE MENDOZA.

EL JEFE DEL DEPARTAMENTO DE EL SECRETARIO DE EDUCACION PUBLICA,
BELLAS ARTES,   LIC. GONZALO VAZQUEZ VELA.
CELESTINO GOROSTIZA.

(Rubricados)

PROGRAMAS

DE

INSTRUMENTOS

PROGRAMA de estudios de *Violín* seguido en el Conservatorio Nacional de Música, en la clase a cargo del *Prof. Francisco Contreras.*

- - - - - -

AÑO INICIAL.

PRIMER TRIMESTRE. -

DEFINICIONES TEORICAS. -

Qué es el violín, qué partes lo componen y cómo se toma.

Qué es el arco, que partes lo componen, cómo se toma: cuáles son sus principales divisiones. Cómo debe moverse el arco sobre las cuerdas y cómo se le llama a su acción sobre ellas.

Qué es "destacado simple" y en que consiste.

Qué significan los términos "Tirar", "Empujar"

Cuáles son las funciones de los dedos y brazo derechos.

Qué sonidos constituyen la afinación del violín, cual es su nombre técnico. Cómo se numeran las cuerdas. Que es "doblecuerda"

En qué condición ha de mantenerse el cuerpo al tocar el violín.

PRACTICA. -

Tomar el violín y el arco. Pasar éste primero sobre cada cuerda en el centro, la punta y el talón; en las mitades superior e inferior y en toda su longitud sin sujeción a las leyes del compás; después sobre dos cuerdas simultáneamente (doble cuerda), con las siguientes formas de arcadas:

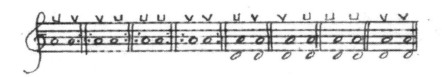

AÑO INICIAL.

SEGUNDO TRIMESTRE. -

DEFINICIONES TEÓRICAS.

Cómo se numeran los dedos de la mano izquierda; cuál es su postura natural. Qué oficio desempeña el pulgar de la misma mano.

Cuántos movimientos pueden ejecutar los dedos de ambas manos sobre las cuerdas.

Qué es lo que se conoce mundialmente por "Posición". Qué es "Primera Posición"

Cuál es el nombre técnico de la acción de los dedos de la mano izquierda sobre las cuerdas.

PRACTICA.

Pasar el arco sobre las cuerdas exactamente como en el trimestre anterior, pero midiendo cada sonido de acuerdo con las leyes del compás.

Pasar el arco de una cuerda a otra primero con sonidos ligados y después sueltos (cambio de cuerda), con las diferentes formas de arcadas que se conocen ya.

Colocación de los dedos de la mano izquierda sobre las cuerdas y primeras prácticas de los mismos en los movimientos "Horizontales", "Verticales" y "Lateral"

Una obra de texto.-

AÑO INICIAL.

TERCER TRIMESTRE. -

DEFINICIONES TEORICAS.

Qué es "Pissicato" y con qué movimiento de los dedos se ejecuta.

Qué es "Extensión". Cuántas clases de extensiones hay y con qué movimientos de los dedos pueden ser ejecutadas.

Qué intervalos caben en cada cuerda en "la. posición" y que postura deben adoptar los dedos para ejecutarlos.

PRACTICA.

Ejercicios sobre intervalos de segundas, menor, mayor y aumentada por movimientos "Morizontal" y "Vertical"

Fragmentos de escalas cromáticas y diatónicas.

Sonidos prolongados (lo más posible)

Aplicación del golpe de arco #Destacado Corto"

Pizzicatos de ambas manos en forma rudimental.

Obra de texto.

PRIMER AÑO.

PRIMER TRIMESTRE. -

PRACTICA.

I.- Fragmentos de escalas cromáticas y diatónicas dentro de un intervalo de quinta justa, sobre cada cuerda (sonido "abierto" -cuarto dedo).

II.- Sonidos prolongados y sonidos cortos.

III.- Rudimentos de DOBLE CUERDA (sobre sonidos "al aire")

IV.- Primeras prácticas de "trino"

V.- Rudimentos de Pizzicatos en los dedos de las manos derecha e izquierda.

VI.- Obra de texto una pieza.

VII.- Teoría (análisis del material en práctica)

SEGUNDO TRIMESTRE.

PRACTICA.

I.-　　Fragmentos de escalas cromáticas y diatónicas dentro de un intervalo de 5a. sobre dos cuerdas.
II.-　　Prácticas de los intervalos de tercera (preparación del arpegio)
III.-　Trinos y Pizzicatos de ambas manos en forma rudimentaria.
IV.-　Rudimentos de doble cuerda.
V.-　　Sonidos prolongados y sonidos cortos.
VI.-　Obra de texto o pieza.
VII.-　Teoría (análisis del material en práctica)

TERCER TRIMESTRE.

PRACTICA. -

I.-　　Escalas cromáticas y diatónicas en modo mayor (ocho como mínimo).
II.-　　Prácticas de los intervalos de cuerda (preparación del arpegio)
III.-　Doble cuerda rudimental. Sonidos prolongados y sonidos cortos.
IV.-　Trinos.
V.-　　Pizzicatos de ambas manos.
VI.-　Obra de texto o pieza.
VII.-　Teoría (análisis del material en práctica)

SEGUNDO AÑO. –

PRIMER TRIMESTRE.

PRACTICA.

I.-　　Escalas cromáticas y diatónicas del modo mayor (ocho) a una octava.
II.-　　Fragmentos de escalas del modo menor.
III.-　Pizzicatos de ambas manos.
IV.-　Arpegios sobre seis acordes perfectos de tónica en modo mayor y menor, a una octava.
V.-　　Trinos. Doble cuerda. Sonidos prolongados y sonidos cortos.
VI.-　Obra de texto una pieza.
VII.-　Teoría (análisis del material en práctica)

SEGUNDO TRIMESTRE.

PRACTICA.

I.-　　Ocho escalas del modo menor, en las formas armónica y melódica, a una octava. Escalas cromáticas. Arpegios en modos mayor y menor, a una octava, dentro del círculo armónico.
II.-　　Pizzicatos. Trinos. Doble cuerda.
III.-　Sonidos prolongados y sonidos cortos.

IV.-   Preparación de un nuevo "golpe de arco" ("descatado acentuado" -Ligado acentuado")

V.-   Primeras prácticas sobre el cambio de posición (primera a segunda)

     a) - Intervalos de tercera, cuarta y quinta ascendentes y descendentes, por cambio indirecto, de primera a segunda posición.

     b) - Intervalos de segunda, practicados con cada dedo, por cambio directo, ascendente y descendentemente, de primera a segunda posición. -

     c) - Intervalos de 2a. 3a. y 4a. sucesivas en segunda posición.

VI.-   Obra de texto y una pieza.

VII.-   Teoría (análisis del material en práctica)

TERCER TRIMESTRE

PRACTICA. -

I.-   Continuación de los trabajos de cambio de posición.

     a) - Escalas ascendentes y descendentes, a una octava, de primera a segunda posición, sobre cada grado de la escala, por cambio directo.

     b) - Preparación al cruzamiento de los dedos (2-1, 3-2, 4-3).

II.-   Escalas diatónicas y cromáticas en 2a. posición, en modos mayor y menor, a una octava. Arpegios en igual forma.

III.-   Pizzicatos, Trinos. Doble cuerda. Sonidos prolongados y sonidos cortos en "Martellato" (nuevo "Golpe de Arco".)

IV.-   Obra de texto y una pieza.- Teoría. (análisis del material en práctica)

TERCER AÑO.

PRIMER TRIMESTRE. -

PRACTICA.

I.-   Continuación de los trabajos de cambio de posición.

     a) - Intervalos de tercera, practicados en cada dedo, por cambio directo, ascendente y descendente, de primera a tercera posición

     b) - Intervalos de cuarta, quinta y sexta ascendentes y descendentes, por cambio indirecto, de primera a tercera posición.

     c) - Intervalos de segunda, tercera y cuarta, sobre cada cuerda, en tercera posición. -

     d) - Escalas ascendentes y descendentes, a una octava, de segunda a tercera posición, sobre cada grado de la tonalidad, por cambio directo.

     e) - Prácticas del cruzamiento de los dedos 2-1, 3-2, 4-3, sobre fragmentos de escalas (dentro de una segunda mayor, para las cromáticas, y de una tercera para las diatónicas).

II.-   Arpegios, escalas cromáticas y diatónicas de los modos mayor y menor a dos octavas en posiciones primera y segunda, FIJAS.

III.-   Pizzicatos. Trinos. Doble cuerda.

IV.-   Sonidos prolongados.

V.-   Sonidos cortos (primeras prácticas del "Staccato Firme") Nuevo golpe de arco)

VI.-   Obra de texto. Una pieza.

VII.- Teoría (análisis del material en práctica)

SEGUNDO TRIMESTRE.

PRACTICA. -

I.- Arpegios, escalas cromáticas y diatónicas a una y a dos octavas en tercera posición.

II.- Continuación de los trabajos de cambio de posición.

  a) - Intervalos de cuarta practicados con cada dedo, ascendente y descendentemente, por cambio directo, de primera a cuarta posición.

  b) - Intervalos de quinta, sexta y séptima, por cambio indirecto, de primera a cuarta posición.

  c) - Intervalos de segunda, tercera y cuarta, sobre cada cuerda, en cuarta posición.

III.- Pizzicatos. Trinos. Doble cuerda.

IV.- Sonidos cortos. Sonidos prolongados preparando el "Filado".

V.- Preparación de los "Golpes de arco" saltantes

VI.- Preparación al cruzamiento de los dedos 3-1, 4-2.

VII.- Obras de texto. Piezas.

VIII.- Teoría (análisis del material en práctica).

TERCER TRIMESTRE.

PRACTICA.

I.- Arpegios, escalas cromáticas y diatónicas a una y dos octavas en cuarta posición.

II.- Continuación de los trabajos de cambio de posición.

  a) - Intervalos de quinta, practicados con cada dedo, por cambio directo, de primera a quinta posición.
  -

  b) - Intervalos de sexta, séptima y octava, por cambio indirecto de primera a quinta posición.

  c) - Primeras prácticas del cruzamiento de los dedos 3-1, 4-2 sobre fragmentos de escalas, dentro de un intervalo de cuarta.

  d) - Intervalos de segunda, tercera y cuarta, sobre cada cuerda, en quinta posición.

III.- Arpegios, escalas cromáticas y diatónicas, con aplicación de las diferentes digitaciones conocidas hasta aquí.

IV.- Práctica de los "golpes" de arco "Spiccato" - "Saltillo"

V.- Práctica de los "golpes" de arco COL LEGNO" "COLLA VARA" Pizzicatos, Trinos, doble cuerda.

VI.- Sonidos "filados". Sonidos cortos.

VII.- Obras de texto. Piezas.

VIII.- Teoría (análisis del material en práctica).

CUARTO AÑO.

PRIMER TRIMESTRE. -

PRACTICA.

I.- Arpegios, escalas cromáticas y diatónicas con aplicación de los diferentes golpes de arco conocidos hasta aquí, en quinta posición, a una y a dos octavas.

II.-   Continuación de los trabajos de cambio de posición.

    a) - Intervalos de sexta, practicados con cada dedo, por cambio directo, de primera a sexta posición.

    b) - Intervalos de séptima, octava y novena, por cambio indirecto, de primera a sexta posición.

    c) - Preparación al cruzamiento de los dedos 4-1.

    d) - Intervalos de segunda, tercera y cuarta en sexta posición.

III.-   Escalas y arpegios de algún tratado especial.

IV.-   Pizzicatos. Trinos. Doble cuerda. Sonidos "Filados" Sonidos cortos.

V.-   Primeras prácticas de sonidos armónicos.

VI.-   Obras de texto. Piezas.

VII.-   Teoría (análisis del material en práctica).

SEGUNDO TRIMESTRE.

PRACTICA.

I.-   Arpegios, escalas cromáticas y diatónicas a una y dos octavas, en 6a. posición, con aplicación de los diferentes golpes de arco conocidos hasta aquí.

II.-   Escalas y arpegios de un tratado especial.

III.-   Fragmentos de escalas en sonidos armónicos.

IV.-   Pizzicatos. Trinos. Doble cuerda de un tratado especial.

V.-   Continuación de los trabajos de cambio de posición:

    a) - Intervalos de séptima ascendentes y descendentes, practicados con cada dedo, por cambio directo, de primera a séptima posición.-

    b) - Intervalos de octava, novena y décima ascendentes y descendentes, por cambio indirecto, de primera a séptima posición.

    c) - Intervalos de segunda, tercera y cuarta sobre cada cuerda en 7a. posición.

    d) - Primeras prácticas del cruzamiento de los dedos 4-1, sobre fragmentos de escalas (dentro de un intervalo de quinta).-

VI.-   Obras de texto. Piezas.

VII.-   Teoría (análisis del material en práctica)

TERCER TRIMESTRE.

PRACTICA. -

I.-   Arpegios, escalas cromáticas y diatónicas a una y a dos octavas, diversas variantes de arco, en séptima posición, fija, y con cambios de posición a tres octavas.

II.-   Fragmentos de escalas en octavas a doble cuerda y en armónicos.

III.-   Pizzicatos. Trinos. Doble cuerda de un tratado especial.

IV.-   Preparación a las octavas digitadas y a la independencia absoluta de los dedos.

V.-   Continuación de los trabajos de cambio de posición.

    a) - Intervalos de octava ascendentes y descendentes practicados con cada dedo por cambio directo, de primera a octava posición.

    b) - Intervalos de novena, décima y undécima ascendentes y descendentes, por cambio indirecto, de primera a octava posición.

c) - Intervalos de segunda, tercera y cuarta en octava posición sobre cada cuerda.

d) - Escalas con aplicación especial del cruzamiento de los dedos 2-1, 3-2, 4-3; 3-1, 4-2; 4-1.

VI.- Obras de texto. Piezas.

VII.- Teoría (análisis del material en práctica).

QUINTO AÑO.

Primer Trimestre.

PRACTICA.

I.- Arpegios, escalas cromáticas y diatónicas con variantes de arco a tres octavas y en octava posición, fija.

II.- Pizzicatos. Trinos dobles. Doble cuerda de un tratado especial.

III.- Continuación de los trabajos preparatorios de las octavas digita das y de la independencia absoluta de los dedos.

IV.- Preparación a las décimas. Escalas en octavas paralelas y en armónicas.-

V.- Obras de texto,- Piezas.

VI.- Teoría (análisis del material en práctica)

Segundo Trimestre.

PRACTICA.-

I.- Escalas y arpegios a tres y a cuatro octavas, a "cuerda" simple", con diversas variantes de arco.

II.- Escalas en octavas paralelas y en armónicas.

III.- Fragmentos de escalas en octavas digitadas.

Continuación de los trabajos de independencia absoluta de los dedos.

IV.- Pizzicatos. Trinos. Doble cuerda.

V.- Preparación a las escalas en terceras.

VI.- Piezas. Práctica de Orquesta.

VII.- Teoría (análisis del material en práctica)

Tercer trimestre.

PRACTICA.

I.- Escalas y arpegios a cuerda simple, y doble en octavas paralelas y digitadas y en armónicos

II.- Fragmentos de escalas en terceras.

III.- Pizzicatos. Trinos dobles.

IV.- Fragmentos de escalas en décimas.

V.- Preparación a los acordes a tres partes.

VI.- Piezas. Práctica de orquesta.

VII.- Teoría (análisis del material en práctica)

SEXTO AÑO.

Primer Trimestre.-

I.-   Una Escala cromática, cuatro diatónicas mayores y cuatro menores a doble cuerda en terceras a 2 octavas.

II.-   Una escala cromática, cuatro diatónicas mayores y cuatro menores a doble cuerda en décimas.

III.-   Un estudio es acordes a tres partes.

IV.-   Dos estudios de Kreutzer (cómo mínimo)

V.-   Una obra. Práctica de orquesta.

Segundo trimestre.

I.-   Una escala cromática, cuatro diatónicas mayores y sus relativas menores a doble cuerda en terceras.

II.-   Una escala cromática, cuatro diatónicas mayores y sus relativas menores a doble cuerda en décimas u. dos voces.

III.-   Un estudio de acordes.

IV.-   Dos estudios de Kreutzer (como mínimo)

V.-   Una obra. Práctica de orquesta.

Tercer Trimestre.

I.-   Una escala cromática, cuatro mayores y cuatro menores a doble cuerda, en terceras a dos octavas.

II.-   Una escala cromática, cuatro mayores y cuatro menores a doble cuerda, en décimas a dos octavas.

III.-   Un estudio de acordes.

IV.-   Dos estudios de Kreutzer (como mínimo)

V.-   Una obra. Práctica de Orquesta.

SEPTIMO AÑO. -

I.-   Primeras prácticas sobre octavas digitales.

II.-   Primeras prácticas sobre armónicos dobles.

III.-   Estudios de diferentes maestros (Kreutzer, Fiorillo, Rode)

IV.-   Una audición pública como solista.

V.-   Práctica de conjuntos de Cámara.

OCTAVO AÑO. -

I.-   Perfeccionamiento posible del material conocido sobre altos estudios de los grandes maestros: Rode, Fiorillo, Paganini, etc.

II.-   Una audición como solista con acompañamiento de Orquesta.

México, D.F., enero de 1939. -

Profesor Francisco Salinas V

Alumnos de la clase de Guitarra

Programa para el estudio de guitarra en el
CONSERVATORIO NACIONAL DE MUSICA.

- -

PRIMER AÑO.

1.- Nociones generales sobre la estructura de la guitarra.

2.- Posición del ejecutante y de la guitarra.

3.- Posición de ambas manos.

4.- Afinación.

5.- Ejercicios con las cuerdas sueltas para practicar la pulsación rítmica con los dedos de la mano derecha.

6.- Ejercicios para practicar la buena colocación de los de dos de la mano izquierda.

7.- Conocimiento de las notas contenidas en cada una de las seis cuerdas en la región grave del diapasón.

8.- Formación de la escala de Do Mayor. Práctica de sus intervalos. Acordes de tónica y dominante. Arpegios sobre los acordes anteriores.

9.- Formación de la escala de La Menor. Práctica de sus intervalos. Acordes de tónica y dominante. Arpegios.

10.- Escala de Sol Mayor. Intervalos. Acordes, de Tónica y dominante. Arpegios.

11.- Escala de Mi Menor. Intervalos. Acordes y arpegios.

12.- Conocimiento de la Media Ceja. Escala de Re Mayor. Acordes y arpegios.

13.- Escala de La Mayor.- Acordes y Arpegios.

14.-   ”   ” Mi   ”   ”   ” ”

15.-   ”   ” Fa   ”   ”   ” ”

16.-   ”   ” Re Menor   ”   ” ”

17.- Formación de práctica de las siguientes escalas: Do Menor, Do # Mayor, Do # Menor, Mi Bemol Mayor, Mi Bemol Menor, Fa Menor, Fa # Mayor, Fa # Menor, Sol Menor, Sol # Mayor, Sol # Menor, Si Bemol Mayor, Si Bemol Menor, Si Mayor, y Si Menor.

18.- Práctica de escalas cromáticas cuya extensión no excede de la región grave del diapasón.

19.- Ejercicios y lecciones muy fáciles. Nota: Las escalas no abarcarán mas de una octava de extensión.

SEGUNDO AÑO.

1.- Conocimiento de las notas contenidas en la región media y aguda del diapasón. Equisonos.

2.- Escalas cromáticas y practicando la extensión con el 4° dedo.

3.- Formación de escalas Mayores y Menores con extensión de una octava, sin que intervengan en ellas notas correspondientes a las cuerdas sueltas. Estas escalas podrán practicarse en distintas regiones del diapasón; pero limitando su ejecución a 4 o 5 trastes.

4.- Escalas con terceras mayores y menores sucesivas cuya extensión no pase de una octava y que queden comprendidas dentro del primer cuádruplo.

5.- Escalas con sextas sucesivas mayores y menores cuya extensión no pase de la octava y dentro del primer cuádruplo.

6.- Escalas con octavas sucesivas que no abarquen más del primer cuádruplo.

7.- Lecciones fáciles practicando la simultaneidad de acción de los dedos de la mano derecha.

8.- 8.- Ceja Completa. Ejercicios para dominarla.

9.- Formación de escalas mayores y menores con ceja y cuya extensión no pase de la octava.

10.-Formación de acordes de tónica y dominante usando la ceja.

11.-Arpegios sobre las notas de los acordes anteriormente señalados sin que su práctica abarque más de 5 trastes.

12.-Ligaduras ascendentes, descendentes y mixtas.

13.-Ejercicios y lecciones con aplicación de los conocimientos ya adquiridos.

-TERCER AÑO.-

1.- Desmangue, Ejercicios correspondientes.

2.- Escalas cromáticas sobre cada cuerda con una octava de extensión.

3.- Escalas mayores y menores con dos octavas de extensión aplicando ya el desmangue.

4.- Escalas con terceras mayores y menores con dos octavas de extensión.

5.- Escalas con sextas mayores y menores con dos octavas de extensión.

6.- Práctica de escalas con octavas mayores y menores con extensión de dos octavas.

7.- Práctica de escalas con décimas.

8.- Práctica de escalas con terceras, sextas y octavas simultáneas con una octava de extensión y que estén comprendidas dentro del primer cuádruplo de trastes.

9.- Práctica de acordes de tónica, dominante y sub-dominante en sus distintas inversiones y usando la ceja.

10.-Arpegios con las notas de los acordes señalados en el capítulo anterior.

11.-Arrastres.

12.-Ligaduras con mano izquierda sola.

13.-Apoyaturas y mordentes.

14.-Lecciones, estudios y recreaciones de mediana dificultad.

-CUARTO AÑO-

1.- Práctica de todas las escalas mayores y menores que abarquen toda la extensión del diapasón.

2.- Escalas con terceras, sextas, octavas, y décimas simultaneas en su mayor extensión.

3.- Escalas mayores y menores usando la ceja con extensión de dos octavas.

4.- Práctica de diversas clases de trémelos.

5.- Acordes fundamentales.

6.- Práctica de cadencias.

7.- Arpegios con las notas de los acordes fundamentales.

8.- Arpegios con las cadencias.

9.- Práctica de las ligaduras con ceja.

10.-Trinos.

11.-Armónicos naturales y octavados.

12.-Sonidos apagados.

13.-El vibrato.

14.-Estudios y preludios con aplicación de la técnica ya adquirida por los alumnos.

-QUINTO AÑO.-

1.- Las escalas mayores y menores expresadas en el año anterior desarrollando velocidades y con práctica de acentuaciones diversas.

2.- Id. Id. con las escalas de terceras, sextas, octavas y décimas simultáneas.

3.- Escalas con terceras, sextas, y octavas simultáneas usando la ceja.

4.- Práctica de modulaciones con los acordes ya conocidos.

5.- Práctica de arpegios con modulaciones.

6.- Ligaduras con cuerdas dobles.

7.- Práctica de estudios y de algunas obras de autores de prestigio que ya tengan alguna dificultad.

-SEXTO AÑO-

1.- Práctica de escalas con mano izquierda sola.

2.- Práctica de escalas con mano izquierda sola y con ceja.

3.- Escalas con armónicos octavados.

4.- Escalas con sonidos apagados.

5.- Escalas con mano izquierda sola con cuerdas dobles.

6.- Conocimiento de escalas especiales y acordes especiales.

7.- Continúa la práctica de acordes con modulaciones.

8.- Práctica de arpegios en su máxima extensión y en orden sucesivo.

9.- Práctica de arpegios con inversiones de tres en tres y de cuatro en cuatro notas.

10.-Imitaciones que pueden producirse en la guitarra.

11.-Estudios y obras que ya tengan dificultades técnicas que vencer para su correcta ejecución.

-SEPTIMO AÑO-

1.- Continúa la práctica de los ejercicios técnicos de dificultad señalados en años anteriores.

2.- Efectos y reglas que ayuden en la práctica de las obras que se vayan estudiando para su mayor matíz y fraseo.

3.- Estudio histórico de la guitarra y de sus compositores más destacados.

4.- Aprendizaje de obras de forma elevada incluyendo en ellas por lo menos una sonata.

-OCTAVO AÑO-

1.- Aprendizaje de dos o tres obras de estilo clásico,

2.- Aprendizaje de dos o tres obras de estilo romántico,

3.- Aprendizaje de dos o tres obras contemporáneas,

-NOVENO AÑO-

1. El estudio en este último año se concretará al perfeccionamiento de las obras ya conocidas en años anteriores.

México, D.F., enero 14 de enero de 1939.

EL PROFESOR DE LA CLASE.

PROGRAMA DE

LA

CLASE DE CONTRABAJO.

▬ ▬ ▬ ▬ ▬

PROEMIO:-

El Contrabajo es un instrumento de total importancia, en los grandes y pequeños conjuntos Orquestales, en consecuencia es, la base fundamental no sólo de la Orquesta, pues también lo es de las masas Corales. (como generalmente se acostumbra en las misas de Perossi y otros autores escritas para Orfeón y Contrabajo)

En los grupos para baile, en los Quintetos para Restaurant sin la actuación de este Instrumento no hay base.

En conjuntos de Música de Cámara -cuya ejecución siempre he recomendado a la Superioridad sean más a menudo, pues es una práctica sumamente necesaria para los alumnos estudiantes de dicho Instrumento- tiene mucha importancia pues la misión de él es casi igual a la del Violon cello, que en algunas ocasiones canta o tiene pasajes al unísono de grandes dificultades cuyo efecto es maravilloso.

En la Orquesta Sinfónica trabajo para el cual se necesita una preparación y conocimientos técnicos bastante profundos pues todas y cada una del gran conglomerado se sinfonías cuyos autores, sobre todo Beethoven trata al Contrabajo como si verdaderamente fuera un violín.

Recomiendo pues, a la Dirección del Conservatorio Nacional de Música la adquisición de esta literatura cuya Bibliografía es la siguiente:

Gran Método para contrabajo de Franz Simandl. 1a. 2a. y 3a. parte. Edición-Verlag und Eigentum von C. F. Schmidt.
Heilbronn A. N.
Gran Método Billé. Edición Petters.
The 12 Studess by Libon. Edition Britkopf, NV 1460a.
Orchestral Esudies y la Edicion Nv 1460 b.
Volúmen de Obras Wagnerianas. Edición Fisher.
Gran Concierto de G. Bottesini, para violín y Contrabajo. Edición Peters,-

----

PROGRAMA DE LA CLASE DE CONTRABAJO

en el Conservatorio Nacional de Música, a cargo del Prof. Cruz Garnica.

El Curso completo durará siete años.

MOVIMIENTOS FUNDAMENTALES. -El de presión o percusión.
MOVIMIENTOS HORIZONTALES DE LOS DEDOS. -El de presión combinado con el de percusión de los cuatro dedos. El de abducción del dedo pulgar; (desplazamiento de este en el mango del instrumento) y los movimientos combinados de las articulaciones del puño con el codo para lograr el desmangue.

MANO Y BRAZO DERECHOS. -
Movimiento horizontal (destacado en el talón del arco.-Movimiento circular de la parte superior del brazo hacia el frente del instrumento para el cambio de cuerda en la punta del arco.

Movimiento horizontal del brazo (destacado de la mitad del arco a la punta).-Movimiento circular del brazo hacia la pierna derecha (cambio rápido de cuerda en el talón)

Movimiento horizontal del puño (cambio rápido de cuerda en la punta, "saltillo" en el medio y destacado en el talón del arco).

Movimiento de los dedos, (sin el arco). Para lograr la flexibilidad de ellos al sostenerlo.

Durante los tres primeros años, se perseguirá el desarrollo apropiado de los movimientos fundamentales anotados antes.

PRIMER AÑO. Parte Teórica.

Nomenclatura de las diferentes partes del Contrabajo y el arco.
Actitud del cuerpo y posición del Contrabajo y el arco
MECANISMO:

a) Ejercicios para el arco sobre la segunda cuerda (RE) con distintos ritmos en varias longitudes o divisiones del arco y con los valores siguientes: unidades, mitades, cuartos y octavos.

b) Colocación de los dedos uno y dos en la segunda cuerda (RE). El mismo estudio en las cuatro cuerdas.

c) Colocación de los cuatro dedos en la primera cuerda (SOL) haciendo práctica de ejercicios cromáticos en la siguiente forma, principiando por la cuerda suelta sol, Sol# con el dedo uno. LA natural con el dedo dos, LA sostenido con el dedo tres y SI natural con el dedo cuatro.
Ejercitando en las cuatro cuerdas el mismo estudio y en distintos rítmos, el alumno adquirirá soltura y fuerza en los dedos que requiere este instrumento.

d) Escalas en posición (posición ordinaria que se comprende de la cuerda suelta a una tercera mayor alta; por ejemplo, de la nota SOL a la nota SI natural) en los tonos mayores siguientes: MI natural, FA natural, FA sostenido, SOL natural y SOL sostenido, debiendo ensanchar este estudio con las escalas menores armónicas en los tonos antes dichos.

e) Estudios de extensiones superiores e inferiores con el dedo uno.

f) Iniciación rápida al desmangue para la ejecución de escalas y ejercicios (mayores) en los tonos siguientes: DO natural, FA natural, Si b, Mi b, la b, Re b, Sol natural, Re natural, La natural, Mi natural, Si natural y Fa sostenido.

g) Igual cantidad de escalas melódicas y ejercicios en tonos menores.- BIBLIOGRAFIA para aplicación.

Estudios apropiados por el Prof. Cruz Garnica en lo que se refiere a los primeros rudimentos, o sea los conocimientos relativos a la posición ordinaria. Las doce escalas y los doce ejercicios menores del Método para Contrabajo de Wenzeslas Hause.

SEGUNDO AÑO.

Estudio del desmangue.- Estudio del mecanismo. Estudio de intervalos de tercera, cuartas y quintas.

a) Desmangue: El ascenso se hará por todos los grados de la escala de Sol mayor y en forma de terceras; es decir, Sol, (cuerda suelta) LA-SI; LA-SI-DO; SI-DO-RE-etc., hasta llegar a la octava que corresponde a la quinta posición y viceversa Sol-Fa-Mi; FA-Mi-Re-etc. etc., Haciendo el desmangue al ascender el dedo uno y al descender el dedo cuatro, siguiendo igual procedimiento en las tres cuerdas restantes.

b) -Estudio de terceras por extensiones para la práctica del desmangue, del que ya tiene conocimiento a conciencia el educando.

c) -Estudio de escalas en tonalidades mayores y en posición, para la ejecución de terceras en posición. Estas terceras se estudiarán además de como lo indica el Maestro Wenzeslas Hause en su Método para Contrabajo, de las siguientes maneras y en figuración de mitades hasta octavos.

       1°. Ligados y destacados.
       2°. Dos notas ligadas, dos destacadas y viceversa.
       3°. Tres notas ligadas, una destacada y viceversa.
       4°. En figuración ternaria.

d) -Estudio de cuartas y quintas en la misma forma que las terceras. BIBLIOGRAFIA para aplicación:

Debo advertir que la técnica de la mano izquierda, es del Prof. Cruz Garnica, en las cual se emplean los cuatro dedos y a su vez el pulgar, pues en la digitación de los maestros alemanes, se emplean los dedos uno, dos y cuatro, y en la digitación de los maestros italianos los dedos uno, tres y cuatro. Doce estudios e igual cantidad de ejercicios de terceras; el mismo material para las cuartas y quintas del Método de Wenzeslas Hause.

TERCER AÑO.

Continuación sobre el estudio de intervalos de sextas, séptimas y octavas.
Conocimiento de las cinco posiciones cromáticas.
Ejecución de escalas y ejercicios en sextas, séptimas y octavas. Este estudio se desarrollará en la misma forma que el de terceras, cuartas y quintas.
Estudio de escalas en posición con extensión de una octava, en todas las tonalidades mayores, empleado para su digitación los dedos uno, dos, tres y cuatro, y en ritmos de mitades, cuartos y octavos.
BIBLIOGRAFIA para aplicación.
Doce estudios e igual cantidad de ejercicios de sextas. Idéntico material para el estudio de séptimas y octavas.
Método de Wenzeslas Hause. Ocho escalas mayores en posición en los tonos de Do natural, Do #, Re natural, Mi b, Mi natural, Fa natural, Fa# y Sol natural por el Profesor Cruz Garnica.

CUARTO AÑO.

Desarrollo de los estudios anteriores en todas las posiciones.

Práctica de dificultades en distintos golpes de arco a saber: picado, picado-ligado, ligado, apoyato, etc. etc.

1°. Dos notas ligadas y dos destacadas.
2°. Dos notas picadas y dos ligadas.
3°. Ligadas de dos en dos.
4°. Una picada, dos ligadas y una destacada.
5°. La primera y última de cada compás (de compasillo) destacada y las demás ligadas de dos en dos.
6°. Tres ligadas y una destacada.
7°. La primera destacada y tres ligadas.
8°. Tres ligadas y una destacada.
9°. Una picada y las demás ligadas de dos en dos.
10°. Cuatro ligadas, una picada y tres ligadas.
11°. Una destacada, cuatro ligadas y tres ligadas.
12°. Ligadas de cuatro en cuatro.
13°. Ligadas de ocho en ocho, etc. etc.

Trémolo. Pizzicato con los dedos uno y dos (de la mano derecha); Pizzicato con los dedos uno, dos y pulgar.
Tocar (col leño) La vara del arco.
Ponticello (tocar casi sobre el puente.
Escalas cromáticas.
BIBLIOGRAFIA para aplicación.
Dos estudios de trémolo del gran Método F. Simandl (3a.Parte Edic. Fischer.
Pizzicato; dos ejercicios del mismo Método. (3a.Parte). Col Leño, dos ejercicios. Ponticello, dos ejercicios.
Escalas cromáticas en los tonos mayores de Do, Fa Natural, Si b, Mi b, La b, Re b, Sol b, Si natural, Mi natural, La natural, Re natural y Sol natural.
Gran ejercicio en todas las tonalidades mayores y menores. (Todo este material del mismo Método)
Ejercicios uno y dos A. B. C. D. y E. Trece ejercicios del gran Método D. J. Simandl
Sinfonía número 3 von W. A. Mozart, (edición Britkopf). Adagio Molto, Allegro con brio, Andante Cantabile con Moto, Allegro Molto, Vivace entres por cuatro y Allegro Molto Vivace en dos por cuatro.

QUINTO AÑO.

Continuación de estudios de dificultades con diferentes golpes de arco:

A.- Stacatto.
Al hacer este estudio, se tendrá cuidado de hacer el silencio lo más largo posible entre nota y nota, con objeto de hacer el destacado lo más corto posible.
   a)   Ejercicios especiales para la división del arco y usar este en diferentes longitudes.
   b)   Escalas y arpegios con extensión de una y dos octavas.

B.- Saltillo.
Este se hará usando generalmente el centro del arco y procurando la mayor flexibilidad posible en la muñeca para que las notas salgan claras y precisas.

C.- Estudio del Portamento y el Arrastre.

Portamento directo, (desmangue directo) hecho con el mismo dedo y sobre una misma cuerda, cuyo desplazamiento del dedo se hace lenta y violentamente.

Hago punto omiso por casi impropio en este instrumento en atención a las dimensiones tan grandes del mango; no así del portamento indirecto (desmangue indirecto) que se inicia con un dedo y se resuelve con otro, en extensión de terceras a octavas etc. El desplazamiento de los dedos se hará también lento y violentamente.

D.- Estudio de las notas de adorno.
    a)   Apoyatura breve.
    b)   Grupos formados de dos, tres y cuatro notas (grupetos)
    c)   Pequeñas notas a distancia de varios intervalos.
    d)   Pequeñas notas en forma de escalas.
    e)   Trino en toda su rapidez con preparación y diversas resoluciones.

BIBLIOGRAFIA para aplicación.
Stacatto.

1°. Estudio de cuatro notas en cada arco.
2°. Estudio de una nota tirando y cuatro empujando.
3°. Una nota empujando y cuatro tirando.
4°. Escalas en tono de Fa mayor, cuatro notas en cada arco.
5°. Una nota tirando y seis empujando.
6°. Ocho notas en cada arco.

Saltillo.

1°. Diez y seis notas del mismo nombre y sonido en cada compás.
2°. La misma figuración ascendente; dos notas en cada arco.
3°. Una nota tirando y dos empujando.
4°. Una nota tirando y cuatro empujando.
5°. Ejercicio en compás de 6/8 y en tono de Fa mayor (Gran Método de F. Simandl. Edición Fischer) Estudio del desmangue.
6°. -Estudios del Prof. Cruz Garnica. Serenata de Tocelli.

Notas de adorno.
Veintiun estudios del Gran Método de F. Simandl.

- - - - - - -

México, D. F. enero de 1939.

Prof. Cruz Garnica.

Instrumentos de aliento

Prof. Nabor Vázquez
Clarinete

Prof. Florentino Acosta
Oboe

Prof. Alfredo Bonilla
Fagot

Prof. Valentín García
Corno

Prof. Fidel García Rodriguez
Tamborín y Corneta

Prof. Agustín Oropeza
Flauta

CLASES EN ACTIVIDAD.
Instructor de aliento

Prof. Alfredo Bonilla
Clase de Oboe.

Prof. Nahor Vasquez.
Clase de Clarinete

PROGRAMA

DE LAS -

CLASES DE INSTRUMENTOS

DE ALIENTO.

Clarinete.
Flauta.
Oboe.
Fagot.
Trompeta.
Trombón.

PROGRAMA DE LA CLASE DE CLARINETE,
A cargo del Profesor Nabor Vázquez
en el Conservatorio Nacional de Música.
México D. F. enero de 1939.

Programa de la clase de Clarinete

PRIMER AÑO.

PRIMER TRIMESTRE. -

1/er. mes. -   PARTE TEORICA.-Historia Elemental del Clarinete. -Conocimientos generales sobre la caña y su importancia con la boquilla y explicaciones sobre ésta última. Posición del Cuerpo, modo de tomar el clarinete, colocación de los dedos en las llaves sin descuidar la numeración de estas. Colocación de la boquilla en la boca, manera correcta de emitir el sonido, prolongación de los mismos dentro del primer registro, para formar la embocadura erando el buen sonido.- Partes de que se compone el clarinete, registros en que se divide el mismo y la extensión total de él.
PARTE PRÁCTICA:-

H. Klosé. Ejercicios: del num. 1 al 10. (págs. 18 a 19.)

2/o.   Mes:-   H. Klosé.   ”   ”   ” 11   ” 20. (” 20 a 21.)
3/er. Mes:-   H. Klosé.   ”   ”   ” 21   ” 34. (” 2 a 23.)

SEGUNDO TRIMESTRE.

4/o.   Mes:-   H. Klosé. Ejercicios: del num. 35 al 54. (págs. a 23 a 25)
5/o.   Mes:-   “   ”   ”   ”   ” 55 ” 65. (”   27 ” 29)
6/o.   Mes:-   “   ”   ”   ”   ” 1 ” 56. (”   32   ”)

TERCER TRIMESTRE.

7/o.	Mes:-	H. Klosé. Técnica, continuación, del num. 57 al 124. (pág. 33)
8/o.	"	" " " " " " " 125 " 161. (" 34)
9/o.	"	J. Kuffner. 15 duetos para dos clarinetes.

II AÑO.

Conocimientos sobre la transformación que fué sufriendo el Clarinete, en su mecánica, por diferentes constructores a través de los siglos, desde su invención hasta nuestros dices Primeros estudios sobre la escala mayor y menor en todos los grados cromáticos; arpegios sobre los acordes de técnica, dominante y sétima de dominante en todas las tonalidades tanto en mayor como en menor.

Primero estudios de Escalas, ritmos, articulaciones, expresión, ornamentos y arpegios.

PRIMER TRIMESTRE.

1/er.	Mes.	-H.	Klosé.	del	núm.	1	al	9.	(págs.	57	a	59.)
2/o.	"	"	"	"	"	10	"	17.	"	59	"	62.)
3/er.	"	"	"	"	"	18	"	25.	"	62	"	64.)

SEGUNDO TRIMESTRE.

4/o.	Mes.	-H.	Klosé.	del	num.	26	al	33.	(págs.	65	a	68.)
5/o.	"	"	"	"	"	34	"	41.	("	68	"	70.)
6/o.	"	"	"	"	"	42	"	49.	("	71	"	74.)

TERCER TRIMESTRE.

7/o.	Mes.	H.	Klosé.	del	núm.	50	al	58.	(págs.	74	a	78.)
8/o.	"	"	"	"	"	59	"	67.	("	79	"	83.)
9/o.	"	"	"	"	"	68	"	74.	("	83	"	86.)

Se deben alternar con las lecciones del año, las escalas de las páginas: 87, 88, y 89.

En este año se debe practicar el transporte a una segunda mayor alta.-

Curso Profesional

III AÑO.

633 Ejercicios cortos para la práctica diaria de la técnica ordenada y progresiva del Clarinete, pudiendo eliminar, por el momento, aquellos que sean demasiado agudos, reservándose para reanudarlos en su oportunidad.

Esta ténica está dividida en todo el año escolar, para que el estudiante obtenga provecho de ellos.

PRIMER TRIMESTRE.

1/er.	Mes.	-H.	Klosé.	del	num.	1	al	71.	(págs.	35	a	37.)	Stoates	1 y 2
2/o.	”	”	”	”	”	72	”	142.	(”	37	”	40)	”	3 y 4
3/er.	”	”	”	”	”	143	”	213	(”	40	”	42)	“5,	6, 7.

SEGUNDO TRIMESTRE.

4º.	Mes.	-H.	Klosé.	Del	Nº	214	al	283.	(Págs.	42	a	44)	Staates	8, 9 y 10
5º.	Mes.	”	”	”	”	287	”	353	(”	44	”	46)	”	11 y 12
6º.	Mes.	”	”	”	”	354	”	423	(”	46	“49)		”	13 y 14

TERCER TRIMESTRE.

7º.	Mes.	-H.	Klosé.	Del	Nº	424	al	493.	(Págs.	49	a	51)	Staates	15 y 16.
8º.	”	”	”	”	”	496	”	563	(”	51	a	54)	”	17 y 18.
9º.	”	”	”	”	”	564	”	633	(”	54	a	56)	”	19 y 20.

Práctica de transporte a una segunda mayor baja.

Para la práctica melódica, transporte y escuela de adornos, se deben intercalar las lecciones desde la página 109 a la 129.

IV AÑO.

PRIMER TRIMESTRE.

1/er	Mes.-	P. Jeanjean, Estudios 1 y 2. 1/er cuaderno.
		F. Kroepsch, 2º Cuaderno, del Nº 1 al 19.
		E. Stievenard. Escala en DO mayor y su relativo menor.
2º.	”	P. Jeanjean: Estudios 3, 4 y 5.
		F. Kroepsch, 2/o Cuaderno al número 20 al 38.
		E. Stievenard: Escala en Sol y Fa mayores y el relativo menor

3/er.   ”   P. Jeanjean: Estudios 6, 7 y 8.

F. Kroepsch, 2° cuaderno, del 39 al 57

E. Stievenard: Escala en Fa mayor y su relativo.

SEGUNDO TRIMESTRE

4°.   Mes.   P. Jeanjean, Estudio 9 y 10

F. Kroepsch, 2° Cuaderno, del número 58 al 77

E. Stievenard. Escala en SI b mayor y su relativo.

5°.   ”   P. Jeanjean: Estudios 11 y 12

F. Kroepsch, 2° Cuaderno, del N° 78 al 96

E. Stievenard: Escala LA y MI b mayores y el relativo.

6°.   ”   P. Jeanjean: 13 y 14.

F. Kroepsch, 2° Cuaderno, del número 97 al 115

E. Stievenard: Escala en MI mayor y su relativo.

TERCER TRIMESTRE.

7°.   Mes.   P. Jeanjean: Estudios 15 y 16.

F. Kroepsch, 2° cuaderno, del N° 116 al 134

E. Stievenard: Escala en LA mayor y su relativo.

8°.   ”   P. Jeanjean: Estudios 17 y 18

F. Kroespch. 2° Cuaderno, del 135 al 154.

9°.   ”   E. Stievenard: Escalas en SI y RE b mayores y sus relativos

9°.   ”   P. Jeanjean: Estudios 19 y 20

F. Kroepsch, 2° Cuaderno, del 155 al 167

NOTA.- Se debe agregar al programa del año, la práctica del transporte en DO en segunda y el ejercicio de los trinos.

V. AÑO.

PRIMER SEMESTRE.

1er.   Mes.   F. Kroepsch: 3/er Cuaderno: estudios del 1 al 4.

P. Jeanjean: 2° Cuaderno: estudios del 21 al 22.

G. Hamelin: Escalas en DO y FA mayores y sus relativos.

2°.   ”   F. Kroepsch, 3/er cuaderno: Estudios del 5 al 8.

P. Jeanjean, 2° Cuaderno: Estudios del 23 al 24

G. Hamelin: Escalas: Si b y Mi b mayores y sus relativos

3°   ”   F. Kroepsch: 3/er cuaderno: del 9 al 12.

           P. Jeanjean: 2° Cuaderno: del 25 al 26

           G. Hamelin: Escalas en La b y RE b, con sus relativos. -

4°.-   Mes.   F. Kroepsch: Tercer cuaderno: del l4 al 17.

           P. Jeanjean. Segundo Cuaderno del 27 al 28

5°.   "   Transporte en DO en primera.

           F.Kroepsch: del 13 al 19, Tercer cuaderno.

           P. Jean-Jean: Segundo Cuaderno del 29 al 30

6°.   G. Hamelín: Escalas en Sol b y Si mayores y sus relativos.

           F. Kroepsch. Tercer Cuaderno: del 26 al 26

           P. Jeanjean. segundo cuaderno, del 31 al 32.

           G. Hamelín: Escalas MI y LA mayores, con sus relativos.

SEMESTRE SEGUNDO.

7°.   Mes.   F. Kroepsch: 3/er Cuaderno: del 27 al 30

           P. Jeanjean. 2º Cuaderno, del 33 al 34.

8°.   "   G. Hamelin: Escalas en RE y SOL mayores con sus relativos.

           F. Kroepsch. Tercer cuaderno: del 32 al 35

           P. Jeanjean. Segundo cuaderno, 35, 36 y 37

           G. Hamelín: Escala en DO, compás 5/4.-Escala cromática en - distintos rítmos.

9°.-   "   F. Kroepsch. Tercer cuaderno: del 36 al 40

           P. Jeanjean. Segundo cuaderno, 38, 39 y 40

           G. Hamelín: Ejercicios Rítmicos en todos los tonos.

VI AÑO.

PRIMER SEMESTRE:

1/er   Mes.   R. Stark: Op. 52.-Estudio número 1.

           P. Jeanjean. Tercer Cuaderno: 1, 2 y 3.

           H. Klosé: Escalas pentáfonas en distintos tonos y una sola fundamental.

2°   "   R. Stark: Estudio número 2.

           P. Jeanjean. Tercer Cuaderno. 4 y 5.

           H. Klosé. Escala sexáfonas en distintos tonos y una sola fundamental.

3°.   "   R. Stark. Estudio 3.

           P. Jeanjean: 3/er cuaderno: 6 y 7.

           H. Klosé: Escalas Orientales (4° tipo)

           "   "   "   "   (II   ", en todos los tonos).

4°   "   R. Stark: Estudio 4.

           P. Jeanjean. 3/er Cuaderno 8, 9 y 10

		H. Klosé: Ejercicios sobre la escala por tonos
5°	"	R. Stark. Estudio 5.
		P. Jeanjean: Tercer Cuaderno: 11 y 12.
		H. Klosé: Ejercicios de terceras mayores derivadas de la escala por tonos.
		Transporte a la clase de FA en tercera.
6°	"	R. Stark. Estudio número 6.
		H. Klosé: Arpegios sobre el acorde de 5a. aumentada, derivada de la escala por tonos
		P. Jeanjean. Tercer cuaderno, 13 y 14.

SEGUNDO SEMESTRE.

7°.	Mes	R. Stark. Estudio número 7
		P. Jeanjean. Tercer cuaderno, 15 y 16.
		R. Klosé. 20 ejercicios prácticos modernos, del 1 al 20.
8°.	Mes.	R. Stark. Estudio número 8.
		P. Jeanjean. Tercer cuaderno, 17 y 18
		H. Closé: 20 ejercicios prácticos modernos. Del 21 al 40
9°.-	"	R. Stark. Estudio número 9.
		P. Jeanjean, Tercer cuaderno, 19 y 20
		H. Klosé. 20 ejercicios prácticos modernos, Del 41 al 60.

- - - - - - - - - -

NOTA: - Este programa es susceptible de modificación, teniendo en cuenta los distintos grados de inteligencia y talento de los alumnos y también por los diferentes sistemas de instrumentos.

A partir del segundo año, se deben preparar piezas a solo de clarinete y que estén a la altura de sus adelantos y capacidad del alumno.

El metrónomo deberá aplicarse inmediatamente que tengan algunos adelantos, tanto en la técnica como en el sonido, no debiendo abandonar dicho metrónomo, sino cuando se llegue a tener el necesario aplomo.

OTRA. - Los veinte ejercicios de cada uno de los tres últimos meses, resultan del empleo de las escalas por tonos; del acorde de 5a. aumentada y sus inversiones.

México, D. F Enero de 1939.

Profesor - Nabor Vázquez

INSTRUMENTOS

DE

BOQUILLA CIRCULAR.

PROGRAMA DE ESTUDIOS PARA LA CLASE DE INSTRUMENTOS DE BOQUILLA, DEL CONSERVATORIO NACIONAL DE MUSICA, A CARGO DE LOS PROFESORES FIDEL G. RODRIGUEZ YVALENTIN GARCIA

GRADO   VOCACIONAL.

PRIMER GRADO.

I.- Conocimiento técnico y practico del instrumento; su construcción e higiene.

II.- Conocimiento de los sonidos fundamentales; de las posiciones que contiene el instrumento, con sus sonidos correspondientes.

III.- Posición del cuerpo y manera de sostener el instrumento para su ejecución.

IV.- Manera de respirar para emitir los sonidos.

V.- De la colocación de la boquilla sobre los labios y del modo de producir el sonido.

VI.- Formación del sonido con valores largos, comprendiendo las escalas diatónicas mayores e intervalos fáciles.

VII.- Gimnasia rítmica de la lengua en sonidos de una, dos, tres y cuatro figuras por tiempo a una velocidad mínima de (60), abarcando desde el DO índice 4, al SOL índice 5, empleando el simple golpe de la lengua.

VIII.- Estudios de los contratiempos, Síncopas, notas con puntillo y varios ritmos regulares, fáciles y de los más usuales.

IX.- Práctica de melodías fáciles y lectura a primera vista de acuerdo con los conocimientos adquiridos.

SEGUNDO AÑO.

I.- Continuación del estudio del sonido con matices P.Mf.FF. cresc. y dim.

II.- Conocimiento del empleo de las sílabas TU y DU alternadas en valores diferentes, siempre que se trate de pasajes de velocidad.

III.- Estudios ligados de 2/as. a 8/as. en ritmos binarios, ternarios y cuaternarios en velocidades lentas y medianas que no sean mayores de (60).

IV.- Ejercicios de escalas diatónicas mayores de DO, FA, SIB, y MIB

V.- Estudio de melodías, lectura a primera vista y práctica de conjuntos.

VI.- Práctica de trasportes a la 2/a.mayor alta y 2/a. menor baja.

TERCER AÑO.

I.- Continuación del estudio de las escalas diatónicas y cromáticas en velocidad mínima de (60) en seicillos con golpe de lengua y ligadas.

II.- Estudios melódicos, trasportes de 3/as. mayores y menores superiores e inferiores. Continuación de estudios melódicos y conjuntos con aplicación de variedad de matices en diferentes dinámicas. Lectura a primera vista.

Nota: En el estudio del corno se incluirán conocimientos elementales del CORNO natural, con práctica de la mano derecha, estudio de sonidos tapados con la mano y con sordina.

CUARTO AÑO.

I.-   Estudio de intervalos distantes de 5/as. a 12/as. articuladas y ligadas.

II.-   Estudio de las notas de adorno.

III.-   Práctica de trasportes a la 4/a. y 5/a. superior e inferior.

IV.-   Continuación del estudio de la melodía en su aspecto de estructura, de forma y de belleza.

V.-   Asistencia y práctica en conjuntos de música de cámara y orquesta.

VI.-   Práctica de lectura a primera vista sobre los conocimientos adquiridos.

QUINTO AÑO.

I.-   Estudio preparatorio de las articulaciones doble y triple, aplica-do a en las grandes velocidades.

II.-   Estudio de velocidades en las cuales se haga la aplicación de arpegios y dibujos ritmicos con los elementos adquiridos hasta este grado.

III.-   Continuación del estudio de la melodía y de los trasportes restantes y lectura a primera vista.

SEXTO AÑO.

I.-   Continuación del estudio de las articulaciones doble y triple

II.-   Estudios característicos y de algunos de los conciertos existentes en la literatura de estos instrumentos.

NOTA: Los alumnos al final de sus estudios ejecutarán como comprobación profesional un concierto de los existentes según sus posibilidades a juicio del profesor.

México, D. F., a 18 de enero de 1939.

Profesores
Fidel García Rodriguez
Valentín García

OBOE Y CORNO

INGLES.

A CARGO DEL

PROFESOR

FLORENTINO ACOSTA

PROGRAMA PARA LA CLASE DE OBOE Y CORNO INGLES DEL CONSERVATORIO NACIONAL DE MUSICA, A CARGO DEL PROFESOR FLORENTINO ACOSTA.

CURSO PREVOCACIONAL.

Primer Trimestre: Emisión del sonido. Conocimiento y práctica de todas las diferentes articulaciones, solo para el primer registro. Ejercicios de respiración con el instrumento y sin él.

Segundo Trimestre: Práctica de intervalos en todas las tonalidades, comprendiendo solamente el primero y segundo registros.

Tercer Trimestre: Dúos fáciles para ayudar a la afinación.- Transporte muy fácil adecuado al primer año.

Queda incluido en este programa desde el primer año, la manufactura de cañas para Oboé y Corno Inglés.

SEGUNDO AÑO.

Primer Trimestre: Melodías fáciles (Método de Brod) Ejercicios en forma arpegiadas en todas las tonalidades y en movimientos muy lentos, solo para práctica de la afinación.

Segundo Trimestre: Escalas mayores en todas las tonalidades.- Escalas menores en todas las tonalidades (Se hará uso del metrónomo en forma progresiva).

Tercer Trimestre: Práctica de los transportes de un tono alto, tono bajo y quinta baja, para hacer uso del Oboé a falta de Corno Ingles.

Estudio de las notas del tercer registro.

CURSO PROFESIONAL.

TERCER AÑO.

Primer Semestre: Práctica de estudios especiales para la ejecución de trinos con preparación y resolución.

Estudio de toda clase de notas de adorno. (Método de Arbam)

Práctica de Transportes y lectura a primera vista.

Segundo Semestre: Ejercicios haciendo toda clase de combinaciones de ligaduras y de los ritmos más usados en la música moderna. Para éstos ejercicios se hará uso del metrónomo en forma progresiva. Transporte y lectura a primera vista.

CUARTO AÑO.

Primer Semestre. Práctica de estudios cromoáticos. Diversos ejercicios para la velocidad de la articulación.

Segundo Semestre. Profesiones en todas las tonalidades (Modos mayor y menor) Solos de Oboé de las obras más comunes (orquestales), siempre que no sean de muy grande dificultad técnica. Transporte y lectura a primera vista.

QUINTO AÑO.

Primer Semestre. Estudios del Método de Salviani.-

Segundo Semestre. Solos de Sinfonías y Operas, (Colección de Sellner). Transporte y lectura a primera vista.

SEXTO AÑO.

Primer Semestre. Dieciocho estudios de Enrique Marxo y seis Sonatas de Brod.

Segundo Semestre. Solos y pasajes de Oboé en algunas de las operas y Sinfonías. Transporte y lectura a primera vista.

México, D. F. Enero de 1939.

Profesor Florentino Acosta

PROGRAMA

PARA LOS CURSOS DE

FAGOT

A CARGO DEL PROFESOR

ALFREDO BONILLA

Programa para los cursos de Fagot del Conservatorio Nacional de Música, a cargo del Profesor Alfredo Bonilla.

PREAMBULO

El Fagot fue inventado por un eclesiástico italiano (Canónigo de Ferrara), de nombre AFRANIO, en el año de 1539. Este instrumento fue introducido por primera vez en la orquesta de la Opera de París en el año de 1671, por Cambert, que, con la Flauta, eran los únicos instrumentos de aliento. Estaba formado por 5 piezas, como el actual; pero poseía únicamente 7 orificios y tres llaves, siendo su extensión de dos y media octavas.

Los progresos del mecanismo de este instrumento se realizaban lentamente, pues desde el año de 1671 al de 1750, solamente se le había adaptado una llave más.

En el siglo XVII, no obstante encontrarse el Fagot tan imperfecto, se distinguieron, ejecutándolo, varios solistas como Jadin, Shubart y Ritter, siendo en esa época cuando los fabricantes de instrumentos Adlher, Triebert y algunos otros atendieron al perfeccionamiento de dicho instrumento, que con la acertada colaboración del célebre Profesor francés Eugene Jancourt lograron en pocos años presentar el Fagot perfeccionado de 18 llaves.

En Alemania, a principios del siglo XIX, se realizaron admirables progresos en el mecanismo y taladrado del Fagot, por C. Almenreader (Músico de cámara del Duque de Nassau) y por los fabricantes de instrumentos Heckel, existiendo desde esa fecha dos diferentes mecanismos: el francés, que consta de 22 llaves, conocido como sistema Jancourt, y el mecanismo alemán, que consta de 26 llaves, conocido como sistema HECKEL, teniendo preferencia el sistema alemán Heckel por su homogeneidad de timbre en toda su extensión, por su perfecta afinación y un mecanismo ventajoso.

El Fagot, instrumento de doble caña, pertenece al género del Oboe. El Fagot más en uso y más moderno esta en Do. Su extensión abarca tres y media octavas, comprendidas del Si bemol con dos líneas adicionales bajo el pentagrama en la llave de Fa en cuarta, a el Fa de la quinta línea de la llave de Sol en segunda.

El carácter del Fagot es grave y dulce, se ejecuta en todos los tonos con facilidad; cualidad que le hace apreciar de todos los compositores. En la orquesta sinfónica es parte real o bien dobla alternando con los instrumentos más agudos, como el Oboe, la Flauta y el Clarinete, formando con estos instrumentos el cuarteto de aliento (madera), desempeñando el lugar que el Violoncelo ocupa en los instrumentos de cuerda. Siendo el Fagot instrumento indispensable en toda orquesta bien organizada en atención al múltiple papel que en ella desempeña, sirviendo de bajo fundamental a los instrumentos de madera unas veces, de unir los timbres de éstos con los de metal, otras, de reforzar a los Violoncelos en muchos casos, de auxiliar a las voces en algunos, y en fin, de producir efectos extraordinarios que no se pueden obtener con ningún otro instrumento.

&&&&&&&&&&&&&&&&&&&&&&&&

GRADO VOCACIONAL. (Duración: 2 años)

PRIMER AÑO.

PRIMER TRIMESTRE.

....

Conocimientos sobre el origen e historia del Fagot.- Diferentes partes de que consta y manera de armarlo.- Postura del cuerpo y posición de las manos.- Posición de la boquilla.- De la embocadura.- De la emisión del sonido.- De la respiración.- Conservación del instrumento y de la boquilla.- Su tesitura en relación con los demás instrumentos.- Nociones sobre el ajuste de la caña doble.

OBRAS DE TEXTO:- Eugene Bourdeau y Julius Weissenborn.

Digitación el registro central.- Ejercicios fáciles en el mismo registro sobre la escala diatónica aplicados en diferentes figuras.- Ejercicios en el registro medio para practicar el uso de la llave No. 12 (Fagot francés, sistema "Jancourt").- Ejercicios prácticos de Weissenborn.

De la página 2 a la 6, del Método para Fagot de E. Bourdeau.

De la página 1 a la 8, del Método para Fagot de J. Weissenborn.

SEGUNDO TRIMESTRE.

....

Digitación en el registro grave.- Ejercicios preliminares del "Ligado" en el mismo registro sobre la escala diatónica, aplicados en diferentes figuras.- Digitación y ejercicios en el registro agudo sobre la escala diatónica, aplicados en diferentes figuras, practicándolos en clave de "Do" en cuarta línea.- Ejercicios prácticos de Weissenborn.

De la página 6 a la 10, del Método para Fagot de E. Bourdeau.

De la página 8 a la 16, del Método para Fagot de J. Weissenborn.

TERCER TRIMESTRE.

....

Tabla de los sostenidos y bemoles.- Ejercicios con sostenidos y bemoles.- Ejercicios con sostenidos en todos los tonos mayores y menores. en diferentes figuras, aplicando su digitación correspondiente.- Escalas con sostenidos en todos los tonos mayores y menores.

De la página 10 a la 14, del Método para Fagot de E. Bourdeau.

De la página 18 a la 19, del Método para Fagot de Weinssenborn.

SEGUNDO AÑO.

PRIMER TRIMESTRE.

....

Conocimientos prácticos sobre la construcción de la doble caña. Escalas en todos los tonos mayores y menores con bemoles.- Escala cromática.- Ejercicios de intervalos en tonos mayores con sostenidos.- Práctica de diferentes articulaciones.- Ejercicios prácticos.- De Weissenborn, con matices.

De la página 19 a la 26, del Método para Fagot de Bourdeau.

De la página 16 a la 24, del Método para Fagot de Weissenborn.

SEGUNDO TRIMESTRE.

....

Ejercicios de intervalos en tonos mayores con sostenidos y bemoles. Con diferentes articulaciones.- Ejercicios prácticos de Weisenborn.

De la página 27 a la 31, del Método para Fagot de E. Bourdeau.

De la página 24 a la 31, del Método para Fagot de Weissenborn.

TERCER TRIMESTRE.

....

Ejercicios de intervalos en tonos mayores, con bemoles, práctica de diferentes articulaciones. -Ejercicios prácticos de Weissenborn.

De la página 32 a la 35, del Método para Fagot de E. Bourdeau.

De la página 32 a la 43, del Método para Fagot de Weissenborn.

GRADO PROFESIONAL.- (Duración: 4 años)

TERCER AÑO.

....

Sonidos filados, preceptos y diferentes articulaciones.- Ejercicios de escalas en tonos menores con sostenidos y bemoles.- Estudios sobre escalas mayores y menores con bemoles.- Práctica de transposición de una segunda mayor alta y una segunda menor baja.

De la página 36 a la 44, del Método para Fagot de E. Bourdeau.

De la página 12 a la 20, del primer volumen de estudios de J. Weissenborn.

....

Ejercicios de escalas en tonos menores con bemoles.- Ejercicios de escalas cromáticas con sostenidos y bemoles.- Ejercicios de terceras en tonos mayores y menores con sostenidos, práctica de diferentes articulaciones.- Estudios sobre escalas mayores y menores con sostenidos y bemoles.

De la página 44 a la 54, del Método para Fagot de E. Bourdeau.

De la página 20 a la 29, del primer volumen de Estudios de J. Weissenborn.

CUARTO AÑO

....

Estudios de acordes.- Estudios cromáticos y recopilación de intervalos.- Apoyaturas, mordentes, grupetos y trinos.- Ejercicios de terceras en tonos mayores y menores; práctica de diferentes articulaciones.

De la página 55 a la 66, del Método para Fagot de E. Bourdeau.

De la página 21 a la 41, del primer volument de Estudios de J. Weissenborn.

Práctica de una segunda menor alta y una segunda menor baja. Práctica de orquesta como segundo Fagot.

....

Ejercicios de terceras en tonos mayores y menores con bemoles; prácticas de diferentes articulaciones.- Estudios de Weissenborn.

De la página 67 a la 77, del Método para Fagot de E. Bourdeau.

De la página 2 a la 10, del segundo volumen de Estudios de J. Weissenborn.

Una pieza "Primer Solo" para Fagot, con acompañamiento de Piano de E. Bourdeau.

QUINTO AÑO

....

Estudios de Bourdeau.- Estudios de J. Weissenborn. Práctica de Transportación de una tercera menor alta y una tercera menor baja.- Estudios de solo de orquesta.

De la página 78 a la 81, del Método para Fagot de E. Bourdeau.

De la página 11 a la 20, del segundo volumen de Estudios de J. Weissenborn.

....

Estudios de Bourdeau.- Estudios de J. Weissenborn.

De la página 81 a la 84, del Método para Fagot de E. Bourdeau.

De la página 20 a la 29 del segundo volumen de Estudios de J. Weissenborn.

Una pieza "Conserstuck" para Fagot, con acompañamiento de piano, de Eugene Cools.

SEXTO AÑO.

....

Estudios de Milde usando Metrónomo hasta llegar a la mayor velocidad.- Estudios de J. Weissenborn.- Práctica de Transposición de una tercera mayor alta a una tercera menor baja.

De la página 2 a la 13, del Volumen de Estudios de L. Milde.

De la página 30 a la 36, del segundo volumen de Estudios de J. Weissenborn.

....

Estudios de Milde.- Estudios de J. Weissenborn.

De la página 14 a la 25 del volumen de Estudios de L. Milde.

De la página 37 a la 43 del segundo volumen de Estudios de J. Weissenborn.

Una pieza "Ballade" para Fagot con acompañamiento de Piano de J. Mouquet.

Preparación de un Concierto para Fagot.

....

NOTA: Este programa será susceptible de modificación según las circunstancias que se presenten, ya por el grado de talento del alumno o por el sistema de Fagot que use.

....

México, D. F. a 28 de abril de 1939.

Prof. Alfredo Bonilla.

PROGRAMA DE

LA

CLASE DE FLAUTA.

PROGRAMA PARA EL ESTUDIO DE LA FLAUTA EN EL CONSERVATORIO NACIONAL DE MUSICA, DE LA CIUDAD DE MEXICO, REFORMADO POR EL PROFESOR AGUSTIN OROPEZA.

PRIMER AÑO VOCACIONAL.

PRIMER RECONOCIMIENTO.

1.- Origen e historia de la flauta.
Descripción de la misma hoy en día.
Principio de vibración. Posición del ejecutante.
Puntos de apoyo.
Afinación con la orquesta.
Extensión del instrumento.
Colocación de los labios. Metrónomo.
2.- Método de Altes hasta la página 46.

SEGUNDO RECONOCIMIENTO.

1.- Método de Altes, de la página 46 a la página 71.

TERCER RECONOCIMIENTO.

1.- Método de Altes, de la página 72 a la página 97.

SEGUNDO AÑO

PRIMER RECONOCIMIENTO.

1.- Método de Altes, de la página 98 a la página 135.
Incluye algunas escalas y arpegios, articulación louré (picado ligado) y notas sensibles.

SEGUNDO RECONOCIMIENTO.

1.- Método de Altes, de la página 136 a la página 169.
Incluye algunas escalas y arpegios, adornos y articulación compuesta.
2.- Transporte de segundas.
Lectura a primera vista.

TERCER RECONOCIMIENTO.

1.- Método de Altes, de la página 170 a la página 194.
   Incluye algunas escalas y arpegios, trino brisé, mordentes y grupetos.
2.- Pieza para flauta y piano.

NOTA:-Se estudiarán perfectamente las escalas correspondientes a la tonalidad de las lecciones.

Cursos Profesionales

TERCER AÑO.

PRIMER SEMESTRE.-

1.- Método de Altes, de la página 195 a la página 223.
   Incluye escalas y arpegios, sonidos filados, calderón y matices.
2.- Transporte de terceras.
3.- Lectura a primera vista.
4.- Quince primeros estudios de Lindpaintner op. 126.
5.- Duo o Trío.

SEGUNDO SEMESTRES

1.- Método de Altes, de la página 224 a la página 244.
   Incluye escalas y arpegios.
2.- Intervalos de terceras.
3.- Escalas melódicas en terceras; escalas cromáticas.
4.- Cinco estudios de Lindpaintner Op. 126, Nos. 16 al 20.
5.- Estudios Nos. 11, 13 y 16, de los 24 de Marcel Moyse.
6.- Pieza para flauta y piano.

NOTA:- Se estudiarán preferentemente las escalas correspondientes a la tonalidad de las lecciones.

CUARTO AÑO.

PRIMER SEMESTRE.

1. Método de Altes, de la página 243 a la página 277.
   Incluye digitaciones para facilitar diversos pasajes. Trémolos, escalas y arpegios, mordentes y trinos.
2.- Estudios Nos. 4, 7, 9, 13, 15, y 17 de Berbiguier Op. 28.
3.- Nos. 1 y 3 de los 12 grandes estudios de J. Herman.
4.- Lectura de solos para flauta y piano.

5.- Duo, Trío o pieza para flauta y piano.

SEGUNDO SEMESTRE.

1.- Método de Altes, de la página 278 a la página 302.
   Incluye escalas y arpegios, articulación doble, triple y martelato.
2.- Estudios Nos. 4 y 6 de los 12 grandes de J. Herman.
3.- Nos. 10, 11, 21 y 22 (ligados y articulados) de los Ejercicios Diarios de F. Franceschini.
4.- Intervalos de cuartas y su transporte.
5.- Concertino.   J. Anderson.

QUINTO AÑO.

PRIMER SEMESTRE.

1.- Método de Altes, de la página 303 a la página 334.
   Incluye articulaciones varias.
2.- No. 41 del "Indispensable"   L. de Lorenzo.
3.- Escalas diversas.
4.- 6 Primeros Estudios   Böhm Op. 37.
5.- Transporte e intervalos de quintas.
6.- Lectura.
7.- Pequeños solos con acompañamiento de piano.

SEGUNDO SEMESTRE.

1.- Método de Altes, de la página 335 a la página 360.
2.- Un ejercicio de los 30 grandes Estudios de H. Soussman.
3.- Duos o piezas para flauta y piano.
4.- Estudios del No. 7 al 12 de Böhm.
5.- Estudio No. 8 de los 12 grandes de J. Herman.
6.- Sonata.   F. Kuhlau Op. 85.

SEXTO AÑO.

PRIMER SEMESTRE.

1.- Método de Altes, de la página 361 a la página 391.
2.- Estudios Nos. 13 al 18 de Th. Böhm Op. 37.
3.- 3 Ejercicios de música moderna.

4.- Intervalos de sextas, séptimas, octavas, etc. F. Franceschini.

5.- Sonata   S. Bach.

SEGUNDO SEMESTRE.

1.- Método de Altes, de la página 392 a la página 428.

2.- Estudios Nos. 19 al 24 de Böhm Op. 37.

3.- Nos. 43-b, 49 (última fracción), 100-a y 100- d. del "Indispensable"
    L. de Lorenzo.

4.- Trozos Sinfónicos.

5.- Concierto con acompañamiento de orquesta o piano.

NOTA:- Todo estudio o solo de flauta adicional al Método de Altes, se podrá cambiar a juicio del Profesor.

México, D. F., a 28 de Julio de 1939.

Prof. Agustín Oropeza

PROGRAMA DE ESTUDIOS PARA PIANO PARA LA CARRERA DE ACOMPAÑANTE Y PARA EL CURSO DE PIANO COMPLEMENTARIO DEL CONSERVATORIO NACIONAL DE MUSICA.--

------ oOo ------

CLAUSULA PRIMERA.- Los alumnos de piano complementario deberán sujetarse al presente programa durante los cursos 1º, 2º, y 3º.

CLAUSULA SEGUNDA.- El estudio de obras de la literatura pianística será optativo.

CLAUSULA TERCERA.- Los alumnos de acompañamiento deberán hacer paulatinamente el estudio de las obras de su especialidad que no estén dentro de las posibilidades de la lectura a primera vista.

CLAUSULA CUARTA.- La bibliografía didáctica queda estrictamente a juicio del profesor.

PRIMER AÑO

Ejercicios de cinco dedos en todas las tonalidades.

Escalas mayores y menores a distancia de octava sin exceder el límite de ocho notas (como mínimo).

Acorde de tres sonidos del modo mayor en todas las tonalidades. (Deberán usarse los siete acordes de la escala).

Ejercicios de transporte de una sola linuea melódica sin acompañamiento y a distancia de medio tono cromático ascendente y descendente, a distancia de tercera ascendente en clave de Sol y de tercera descendente en clave de Fa.

Ejercicios de lectura a primera vista (dificultad mínima).

Práctica de acompañamiento de acuerdo con las dificultades del alumno.

Estudios de ritmo y fraseo (12 como mínimo).

Pequeños Preludios de Bach (2 como mínimo).

Piezas y lecciones fáciles para cantantes.

NOTA. - Para los alumnos de piano complementario no es obligatoria la formación de repertorio de acompañamiento.

RECONOCIMIENTOS.

1º- Ejercicios de cinco dedos en todos los tonos mayores.
Doce escalas mayores
Acordes de tres sonidos en Do, Sol, Re y La.
Cuatro estudios de ritmo y fraseo.

2°- Ejercicios de cinco dedos en todas las tonalidades menores con tendencia orientada a la transposición.

Doce escalas menores armónicas

Acordes de tres sonidos en Mi, Si, Fa # y Fa.

Cuatro estudios de ritmo y fraseo

Prácticas de lectura a primera vista.

3°- Ejercicios de cinco dedos en todas las tonalidades practicando la transposición.

Acordes de tres sonidos en Si b, Mi b, La b y Re b.

Doce escalas menoresmelódicas

Cuatro estudios de fraseo y ritmo

Dos pequeños preludios de Bach.

Lec tura a primera vista.

NOTA.- Los estudios de ritmo y fraseo serán del tipo Czerny-Germer, Lemoine Op. 37, etc.

SEGUNDO AÑO

Escalas mayores y menores en todas las tonalidades, a distancia de octava, excediendo el límite de ocho notas y con acentos cada dos, tres y cuatro sonidos.

Acordes de tres sonidos en forma de arpegio en todas las tonalidades y con acentuaciones binarias.

Acordes de tres sonidos del modo menor en todas las tonalidades, (usando los siete acordes de la escala).

Acordes de cuatro sonidos (séptima de dominante y séptima disminuída) en todas las tonalidades.

Acordes de tres sonidos del modo mayor con aplicación rítmica en todas las combinaciones posibles y en formas usuales de acompañamiento.

Iniciación del estudio a las octavas y de los acordes con duplicación.

Ejercicios de manos cruzadas.

Armonización de bajos.

Estudios de ritmo y fraseo (tipo Heller Op. 47 y 46, Bertini Op. 100, etc.)

Pequeñas nociones de formas musicales fáciles (analisis).

Ejercicios de lectura a primera vista de fragmentos fáciles.

Transporte de melodías con acompañamiento elemental y a distancia de segunda, tercera ascendente y descendente.

Transporte de melodías fáciles sin acompañamiento, a distancia de cuarta y quinta ascendente y descendente.

Práctica de acompañamiento.

Pequeños Preludios de Bach. (12 como mínimo).

NOTA:- Los alumnos de acompañamiento empezarán a formar su repertorio con obras clasificables como pequeñas formas.

RECONOCIMIENTOS.

1°- Escalas mayores
   Doce acordes de tres sonidos en forma de arpegio
   Acorde de tres sonidos del modo menor en La, Re, Sol y Do.
   Acordes de tres sonidos del medo mayor en Do, sol, Re y La.
   Ejercicios de octavas y de acordes con duplicación.
   Cuatro estudios de ritmo y fraseo
   Pequeños trabajos de análisis.
   Ejercicios de lectura a primera vista y de transporte.
   Cuatro pequeños Preludios de Bach.
   Práctica de acompañamiento.

2°- Doce escalas menores armónicas.
   Doce acordes de tres sonidos en forma de arpegio.
   Acordes de tres sonidos del modo menor en fa, mi, si y fa #.
   Acordes de quinta del modo mayor de mi, si, fa#, y fa.
   Ejercicios de octavas y acordes con duplicación.
   Cuatro estudios de ritmo y fraseo.
   Pequeños trabajos de análisis.
   Ejercicios de lectura a primera vista y de transporte.
   Cuatro pequeños Preludios de Bach.
   Práctica de acompañamiento

3°- Doce escalas menores melódicas.
   Doce acordes de 7a de dominante y doce de 7a. disminuída.
   Escala cromática en seis tonalidades.
   Acordes de quinta del modo menor en do sostenido, sol sostenido, mi bemol y si bemol.
   Acordes de 5a, del modo mayor en Si b, Mi b, La b y Re B.
   Ejercicios de octavas y acordes.
   Cuatro estudios de ritmo y fraseo.
   Análisis
   Lectura a primera vista y transporta. Cuatro pequeños preludios de Bach.- Práctica de acompañamiento.

TERCER AÑO.

Escalas mayores y menores en todas las tonalidades incluyendo la cromática, a distancia de tercer, décima y sexta con acentos birios y ternarios y con diversos ataques.

Arpegios y acordes de cuatro sonidos en todas las tonalidades (7a disminuída y 7a de dominante).

Acordes de 7a mayores y menores en todas las tonalidades mayores.

Acordes de tres sonidos en todos los tonos mayores y menores con aplicación rítmica, dinámica y en formas diversas de acompañamiento, usando 7as de dominante y 7as disminuídas.

Ejercicios de manos cruzadas.

Inversión de acordes.

Armonización de melodías.

Modulación

Ejercicios de acordes de 3 y 4 sonidos con duplicación.

Ejercicios de octavas.

Estudios rítmicos y de fraseo. Tipo Heller Op. 45. Wolff etc.

Nociones de formas musicales (mediana dificultad).

Lectura a primera vista de trozos medianamente difíciles, sin a exceder los límites del estilo homófono.

Transporte de melodías con acompañamiento fácil, a distancia de 2a, 3a, 4a, y 5a., ascedentemente y descendentemente.

Transporte de melodías sin acompañamiento a distancia de 6a y 7a ascendente y descendente.- Ritmos combinados.

Práctica de acompañamiento

Preparación para el estudio del trino, del trémolo y de las notas dobles.

Invenciones de Bach a dos partes (1⁰ como mínimo).

RECONOCIMIENTOS.

1°- Cuatro escalas mayores, cuatro menores armónicas y cuatro menores melódicas.

Doce arpegios de séptima disminuída.

Acordes de séptima en Do, Sol, Re y La.

Acordes de tres sonidos en Do, Sol, Re y La mayores y menores.

Ejercicios de octavas y de acordes duplicados.

Análisis

Ejercicios de lectura a primera vista y de transporte

Cinco estudios del tipo Holler Op. 45 o sus equivalente.

Tres Invenciones de Bach.

Prácticas de acompañamiento.

2°- Cuatro escalas mayores, 4 menores armónicas y 4 menores melódicas, distintas a las presentadas en el reconocimiento, anterior.

Seis arpegios de séptima de dominante.

Acordes de séptima en Mi, Si, Fa# y Re b.

Ejercicios de octavas y acordes duplicados

Análisis

Lectura a primera vista y transporte

Cinco estudios

Tres Invenciones de Bach

3°- Práctica de acompañamiento

Cuatro escalas mayores, cuatro menores armónicas y cuatro menores melódicas sin incluir las presentadas anteriormente.

Seis arpegios de séptima de dominante diferentes a los presentados en el reconocimiento anterior.

Acordes de 7a en Lab, Mib, Sib y Fa. Ritmos combinados.

Acordes de 3 sonidos en Lab, Mib, Si, y Fa mayores y menores.
Análisis.
Lectura a primera vista y transporte
Cinco estudios
Cuatro inveciones de Bach a dos partes
Práctica de acompañamiento.

NOTA. - El repertorio de los acompañantes consistirá en obras clasificadas
como formas "ternarias".

CUARTO AÑO

Escalas mayores y menores en movimiento contrario a distintos intervalos, con
diversos ataques, diversos acentos y con aplicaciones dinámicas.
Acordes de sexta aumentada y novena mayor y menor.
Acordes y Arpegios de 7a mayor, 5a aumentada y 5a disminuida.
Acordes de 3 y 4 sonidos con la intervención de la 9a de dominante, con
aplicaciones rítmica y dinámicas en diversas formas de acompañamiento.
Ritmos combinados.
Ejercicios de retardos y apoyaturas.
Modulación y armonización de melodías
Estudios rítmicos y de fraseo del tipo Cramer o del Desligador de Czerny, etc.
Estudios de octavas
Trémolo, trino y notas dobles
Análisis
Lectura a primera vista (trozos polifónicos a dos partes).
Inversión de acordes de tres y cuatro sonidos.
Transporte de melodías a diferentes intervalos, con acompañamiento y abarcando
el estilo polifónico a dos partes.
Práctica de acompañamiento.
Invenciones de Bach a tres partes (doce como mínimo).

A partir de este curso, el alumno deberá hacer práctica de acompañamiento en
las clases de Canto y de instrumentos varios.

RECONOCIMIENTOS.

1°- Doce escalas mayores
Acordes de sexta aumentada en todas las tonalidades.
Acordes de novena mayor en todas las tonalidades
Acordes de 5a aumentada en todas las tonalidades. Ritmos combinados
Acordes de 3 y 4 sonidos en Do, Sol, Re y La mayores y menores.
Arpegios de quinta disminuída en todas las tonalidades
Análisis
Práctica de acompañamiento, de lectura a primera vista y de transporte.

Cinco estudios

Cuatro Invenciones de Bach a tres partes

Estudios de octavas y escalas en terceras dobles en C, G, D y A.

2°- Doce escalas menores

Acordes de novena menor en todos los tonos

Ejercicios de retardos y apoyaturas

Arpegios de séptima mayor en todas la tonalidades mayores.

Acordes de tres y cuatro sonidos en Mi, Si, Fa# y Reb mayores y menores.

Ritmos combinados

Estudio de octavas

Análisis

Escalas en terceras dobles en Mi, Si, Fa y Si b mayores.

Práctica de acompañamiento, de lectura a lá, vista y de transporta.

Cinco estudios

Cuatro invenciones de Bach.

3°- Doce escalas menores

Arpegios de séptima mayor en todos los tonos mayores menores.

Acordes de 3 y 4 sonidos en Lab, Mib, Sib y Fa mayores y menores.

Ejercicios de retardos y apoyaturas.

Estudios de octavas

Análisis

Escalas mayores de terceras dobles en Mib, Lab, Reb y Solb.

Acompañamiento, lectura y transporte

Cinco estudios

Cuatro invenciones de Bach

Estudio de óperas y sonatas para instrumentos diversos excluyendo el piano.

QUINTO AÑO

Escalas por tonos

Escalas mixtas

Escalas diatónicas en terceras y sextas dobles (modos mayores)

Acordes de oncena y trecena

Acordes de arpegios de séptima menor

Acordes de tres, cuatro y cinco sonidos con aplicaciones rítmicas y dinámicas en diferentes formas de acompañamiento.

Ejercicios de retardos y apoyaturas

Armonización de melodías y modulación

Estudios de ritmo y fraseo

Estudios de octavas

Trémolo y trino.

Análisis

Lectura a primera vista con límite hasta el estilo polifónico a tres partes. (dificultad mínima).

Inversiones de acordes

Práctica de acompañamiento en las clases de canto y de instrumentos
Práctica de transporte a diferentes distancias empleando el estilo polifónico
Nueve preludios y fugas del Clavecin bien Temperé de Bach.

RECONOCIMIENTOS.

1°- Seis escalas por tonos. Seis escalas mixtas. Seis escalas menores en terceras dobles.
Acordes de oncena y trecena
Arpegios de acordes de séptima menor en todos los tonos mayores.
Estudios de octavas. Ejercicios de retardos y apoyaturas
Acordes de 3, 4, y 5 sonidos en Do, Sol, Re, y La mayores y menores.
Armonización de melodías, modulación y análisis
Práctica de lectura a primera vista, de transporte y acompañamiento.
Seis estudios del tipo de "Virtuosidad de Czerny", Kullak, estudios de octavas
o sus equivalentes.

Tres Preludios y Fugas de Bach.

2°- Seis escalas por tonos. Seis escalas mixtas. Seis escalas menores en terceras
dobles. Seis escalas en sextas dobles (M. mayor)
Arpegios de séptima menor en todas las tonalidades menores
Armonización de melodías, estudio de la modulación y ejercicios de retardos y
apoyaturas.
Estudios de octavas.
Acordes de 3, 4 y 5 sonidos en Mi, Si, F# y Re b.
Análisis, lectura a primera vista y transporte.
Seis estudios
Tres preludios y Fugas de Bach

3°- Seis escalas mayores y seis menores en sextas dobles. Escalas por tonos y escalas
mixtas a distancia de tercera, décima y sexta.
Acordes combinados de quinta aumentada
Sucesiones de segunda, cuartas y quintas en movimiento cromático
Acordes de tres, cuatro y cinco sonidos en Lab, Mib, Sib y Fa mayores y menores.
Estudios de octavas
Armonización de melodías. Lectura a primera vista, transporte.
Práctica de acompañamiento y análisis.
Seis estudios.
Tres Preludios y Fugas de Bach
Estudios de Operas, Sonatas y obras de la literatura moderna para Canto.

México, abril de 1935.

El Profesor

Miguel C. Meza.

PROGRAMAS

DE

COMPOSICION

PROFESORES DE ARMONIA, CONTRAPUNTO Y COMPOSICIÓN.

Prof. Juán León Marical

Prof. Barrios Morales

Prof. José Rolón

Sin fotografía: Prof. Rafael J. Tello y Prof. Candelario Huizar.

Programa

De

Música de Cámara.

PROGRAMA DE
"MUSICA DE CAMARA"

Cátedra que estará a cargo del
Maesto Luis G. Saloma

Los más grandes valores musicales del mundo, desde hace aproximadamente dos siglos, en que se dio forma definitiva al Cuarteto de Cuerda de Música de Cámara, integrado por dos violines, viola y violoncello, hasta nuestros días, han convenido de una manera unánime, que este conjunto es el más perfecto, pues no obstante que se han hecho experiencias tratando de superarlo, no ha sido posible lograrlo y ni siquiera se ha conseguido igualarlo.

Este conjunto que es la base del Trio, Quinteto, Sexteto, Septeto, Octeto y Noneto, permite obtener una afirmación perfecta en virtud de que los instrumentos que lo componen no están sujetos, como lo está el piano, al sistema temperado, ventaja que hace que los ejecutantes puedan establecer relaciones y distinguir las diferencias existentes en las alteraciones, bemoles y sostenidos, ésta ventaja constituye uno de los recursos más grandes para la buena interpretación porque posibilita a los artistas el que impriman a sus ejecuciones el verdadero carácter de la obra, ya sea alegre, melancólica, etc. Si a esto se agrega que con los doce colores de las cuerdas de los violines, la viola y el cello, y la pureza y nobleza de sus timbres, iguales todos ellos en calidad y que forman una perfecta amalgama produciendo bellos coloridos y ámplios matices; y la facilidad de hacer con dichos instrumentos múltiples combinaciones rítmicas, armónicas y melódicas, se explica el por qué de que el Cuarteto de Cuerda sea el conjunto más perfecto.

Con relación al ejecutante de las obras de Música de Cámara, principalmente en el Cuarteto de Cuerda puede decirse, que sin tener necesidad de ser un virtuoso de su instrumento, sí es indispensable para que sea un buen intérprete que posea disciplina de conjunto para lo cual debe abdicar de su personalidad individual para fundirla en el grupo, no es suficiente que tenga talento, inteligencia y sensibilidad, necesita tener afinidad con el sentir de sus compañeros para que las ejecuciones, que son el resultado de un trabajo perseverante en el que debe haber simpatía mutua y espíritu de cooperación exentode egoismo, parezcan ser el resultado de un solo cerebro y un solo corazón; con estos requisitos y persiguiendo como fín único interpretar las obras conforme a las reglas de estilización y dentro de la tradición deberá aplicar en sus ejecuciones de una manera principal los acentos métricos y rítmicos, así como los melódicos en las apoyaturas en los retardos, en las síncopas, en las séptimas o novenas, en los sonidos cromáticos cuando determinen modalidad, en la nota aguda de los grupos, en las notas fundamentales etc.; a la vez deberá cuidar el empleo de un adecuado juego de arco para lograr los acentos depresión y de rubato o movimiento irregular, con todo esto conseguirá interpretaciones elevadas y perfectas.

Las ventajas que puede reportar a los alumnos del Conservatorio Nacional de Música el cultivo de la música de cámara, por lo que se refiere a su educación y como lo propone la actual Dirección, son: 1º.-Tener un campo donde aplicar integralmente sus conocimientos musicales adquiridos en todas sus demás clases; 2º. Perfeccionar en alto grado su solfeo; 3º Adquirir una afirmación impecable; 4º. Llegar a tener un conocimiento muy extenso de la historia y la literatura musicales; 5º. Tener oportunidad de emitir sus ideas, dar sus consejos y exponer sus observaciones en beneficio de ellos mismos pues en esa forma integrarían sus conocimientos musicales e instrumentales; y 6º Adquirir una rigurosa disciplina musical. Y por cuanto al beneficio práctico que reportaría a los alumnos estos estudios, es el que tendrían oportunidad de adquirir una buena práctica en materia de conjunto que les es tan indispensable en la lucha por la vida, práctica que no pueden hacer dedicándose solamente al virtuosismo.

Debe tenerse muy en cuenta que la Música de Cámara es tan completa por sí misma, que puede suplir a la Música Sinfónica y a los Coros; así mismo la Música para Cuarteto de Cuerda, tiene una abundante literatura que cada día se enriquece más.

El beneficio social que puede reportar la Música de Cámara, en esta época en que se vive en una constante e intensa actividad mecánica, es el de despertar la emotividad cultivando y elevando espiritualmente a un mayor número de personas; en México, solo el estudio del Piano interesa y está muy arraigado en la educación de las personas de cierta posición social, podría intentarse un esfuerzo para impulsarla para ver si se logra lo que acontece en los países más adelantados y cultos del orbe en los cuales tanto por iniciativa oficial como particular se ofrece el desarrollo de esta bella música, el que se formen pequeños grupos familiares o de amigos cuyas actividades son muy distintas a la música que en sus horas de ocio hacen ésta clase de música que les proporciona un placer espiritual a ellos y a sus oyentes.

- - - - - -

PROGRAMA PARA LA CLASE DE MUSICA DE CAMARA.

Duración tres años.

ESTUDIOS.-

Los estudios se refieren fundamentalmente a los siguientes objetivos:

Afinación; principio y finalización de las obras; lectura y análisis, matíz, equilibrio, rítmo, entonación, interpretación, estilo, modificación de tiempo, Fraseo, dinamismo, color, tesitura y tradición.

Obras de estudio de las cuales el Profesor seleccionará entre autores clásicos, románticos y modernos, de acuerdo con las capacidades de los alumnos. - Sonatas, Trios, Cuartetos, Quintetos, Sextetos, Septetos, Octetos y Nonetos. -

Principalmente se pondrán a estudio, análisis y ejecución de obras de Albioni A., Arensky A., Bach. J. S., Beethoven L. van, Brahms J., Bussoni F., Corelli A., Chausson E., D'Indy V., Ditterdoff., Dubois Th., Dohnany E., Davidoff A., Dvorak A., Faure G., Frank C., Germiniani F., Grieg E., Glinka M., Haendel F. G., Haydn J., Locatelli P., Mozart A. W., Mendelssohn F., Roger M., Ravael M., Rimsky Korsakow., Rachmaninoff S., Suchubert F., Schumann R., Saint-Saens C., Sinding G., Strauss R., Striegler K., Szimanowsky K., Strawinsky I., Svendsen J., Schimith F., Schönberg A., Sibelius J., Tratini G., Tschaikowsky P., Vivaldi A. y Veracini M.-

BIBLIOGRAFIA. -

Pochon Alfredo, "Método progresivo para el ejecutante de Cuarteto de Cuerda.

Dunhill Thomme F. "Chamber Music."

Altmann W. "Kammermusik literatur von 1841-1918."

Caffarelli F. Gil' Strumenti ad Arco en la Música de Camera."

Cobbett's "Cyclopedia of Chamber Music."

Cohen A. "Modern Chamber Music."

Coindreau P. "Analyse des 17 Quartours de Beethoven."

Comettant O. "La Musique de Chambre."

Dunn S.A. "The Story of Ensemble Music."

Erlich A. "Das Streichquartett in Word."

Eymien H. "La Musique de Chambre."

Hayward J. D. "Chamber Music for Amateurs."

Heuss A. "Karmermusikabende."

Hillman A. "Kammermusiken."

Hull A. Eaglefield "Music Classical, Romantic and Modern."

Kilburn N. "The Story of Chamber Music."

Norton Mme Herter "String Quartet Playing."

Scott Cyril "Chamber Music., Its Past and Future."

Scott Marion "How to develop Chamber Music."

Walthew R. H. "The development of chamber music."

- - - -

México, enero de 1939.

Profesor Luis G. Saloma.

Composición

CLASES EN ACTIVIDAD

Clase de Análisis Musical a cargo del Prof.
Candelario Huizar de la Cadena.

Clase de Análisis Musical a cargo del Prof.
Candelario Huizar de la Cadena

Clase de Composición a cargo del maestro Rafael J.

PROGRAMAS DE LAS CLASES DE

ARMONIA

CONTRAPUNTO.

COMPOSICION

PROGRAMA DE LA ENSEÑANZA DE LA ARMONIA DE LA CLASE DEL PROFESOR AURELIO BARRIOS Y MORALES.

PRIMER AÑO. --

Primer Trimestre. -

1.- Exposiciones teóricas preparatorias. Armonía y sus acepciones.
Factores materiales y formales.

> NOTAS: 1a.- El desarrollo del programa que es teórico-práctico, se encaminará a la armonía constructiva. La teoría es deductiva del material técnico en el momento de su empleo.
>
>   2a.- Los dos años del curso comprenden los principios básicos de la Armonía Clásica, con intercalados de anotaciones sobre hechos-armónicos de actualidad, relacionados con el caso.

2.- Los acordes de tres sonidos en función principal respecto de la tonalidad:
    a)   En sus diversas posiciones.
    b)   En sus posibles encadenamientos.
    c)   En sus diferentes estados.
3.- Cadencias, formulas cadenciales.
4.- Empleo de los acordes II y VI en la formación de cadencias.
5.- Aplicación de los elementos anteriores en la armonización de bajos y cantos.

Segundo trimestre.

6.- Los acordes de tres sonidos en función de secundarios, en sus relaciones con los acordes principales y de ellos mismos entre sí.
    a)   En su estado fundamental.
    b)   En su primera inversión.
    c)   En su segunda inversión.

7.- Ampliación de las cadencias.
8.- Teoría sobre la estructura melódica.
9.- El acorde de 7a. de dominante dentro de la tonalidad.
10.- Aplicación de los conocimientos de este trimestre en la armonización de bajos y cantos dados.

Tercer trimestre.

11.- Modulación. Campo modulatorio. Medios para modular.
12.- El acorde de séptima de dominante en la modulación.

13.-Los acordes de séptima de sensible y disminuída, y el acorde de Novena de Dominante, en su resolución unitónica.

14.-Armonización de temas dados en el bajo o en el canto, con empleo de modulaciones a tonos próximos.

SEGUNDO AÑO. -

Primer período escolar.

1.- Ampliación de 7a. de dominante, 7a. de sensible y disminuída, Novena de Dominante y de segunda de Dominante en sus diversos estados. Encadenamientos a los acordes análogos de diferente tonalidad próxima y lejana.

2.- Modulaciones por acordes comunes y afines de diferentes funciones.

3.- a) Notas de paso y de bordado en la configuración melódica y armónica.

b) Cadencias melódicas. Formación del período, y la oración melódica.

4.- Acordes de cuatro sonidos en sus cuatro estados y diferentes encadenamientos. Tratamiento de la disonancia

5.- Armonización de cantos y bajos.

Segundo período escolar.

6.- Retardos y apoyaturas en los acordes de tres y cuatro sonidos.

7.- Armonización con dichos elementos.

8.- Armonía Cromática:

a) Acordes alterados en general.

b) Acordes especiales: acordes de 5a. aumentada de 3, 4, 5 sonidos; de 6a. aumentada; de 6a. Napolitana.

9.- Otros artificios melódicos y armónicos: Pedal, Síncopa armónica; Escape, anticipación.

10.-Figuración armónica: Acordes quebrados, arpegiados y disueltos.

11.-Armonización de cantos y bajos empleando acordes alterados.

12.-Armonización con empleo general de los recursos expuestos en este Curso.

Enero de 1939.

PROGRAMA

Armonia, Contrapunto, Canon, Fuga y Composición
de la clase de COMPOSICIÓN, a cargo del Profesor Juan León Mariscal.

ARMONIA Y MELODIA. -

PRIMER AÑO.-

1.- Acordes de tres sonidos en estado fundamental; sus diferentes posiciones y enlaces en el Modo Mayor.

2.- Acordes de tres sonidos. (Modo menor)

3.- Inversiones de los acordes de tres sonidos; ambos modos.

4.- Octavas y Quintas. Progresiones.

5.- Cadencias. (Fórmulas cadenciales).

6.- Armonización del soprano.

7.- Acordes de cuatro sonidos:
Acordes de séptima de Dominante, en estado fundamental e invertido. (Ambos modos)

8.- Acordes de séptima de sensible y del segundo grado y demás secundarios, en sus diversos estados y posiciones y ambos modos.

9.- Acordes de novena de Dominante.

10.- Principios de Modulación. (Tonos vecinos.

11.- Armonización del Soprano con los elementos anteriores.

SEGUNDO AÑO.

1.- Acordes de novena secundarios.

2.- Acordes de cinco, seis y siete sonidos sobre la tónica y sobre la Dominante.

3.- Resoluciones excepcionales de los acordes 7a. y 9a.

4.- Progresiones tonales y modulantes con acordes de 7a., en estado fundamental o invertido.

5.- Armonización de la Escala por Tonos con acordes perfectos, mayores y menores; con acordes aumentados; con acordes de 7a. de Dominante, 7a. disminuída, etc.

6.- Acordes alterados (Armonía cromática), de tres, cuatro, cinco y seis sonidos.

7.- Sexta napolitana.

8.- Sexta aumentada en sus fórmulas 6/5, 4/3, 2/1 (Su importancia en la modulación).

9.- Adornos en general: Anticipaciones, Retardos, Apoyaturas, Notas de paso, Pedal, etc.

10.- Modulación.

11.- Modos litúrgicos

12.- Análisis armónico.

13.- Principios de Armonía moderna. (Armonía doble o contra-armonía. Exclusión de la tonalidad. Acordes de doce sonidos, Acordes piramidales, etc.)

(El profesor procurará que los alumnos vayan haciendo práctica de aplicación de los conocimientos adquiridos en forma de pequeñas invenciones, para lo cual dará en su oportunidad las nociones de construcción melódica. La parte auditiva es de capital importancia. Las tareas de los alumnos se tomarán muy en cuenta en los reconocimientos respectivos, siendo la calidad de ellas, no su cantidad, un factor de importancia capital.)

TERCER AÑO.

CONTRAPUNTO. - (Primer Curso)

1.- <u>Contrapunto severo</u>, a dos, tres y cuatro voces, en sus cinco especies.
2.- <u>Contrapunto libre</u>. (Las mismas voces y especies del contrapunto severo) Modos mayor y menor.
3.- <u>Contrapunto moderno.</u>
    En este contrapunto, además de las cinco especies mencionadas, se emplearán las fórmulas: 2 contra 3, 3 contra 4; 5, 6, 7, y 8 contra 1, etc.

CUARTO AÑO. -

CONTRAPUNTO. - (Segundo curso)

1.- Mezclas a tres y cuatro voces. (Severo y libre)
2.- Contrapunto a más de cuatro voces.   "   "   "
3.- Contrapunto invertible a la octava, a dos, tres y cuatro partes. (Libre o Moderno)
4.- Contrapunto invertible a la 10a. y otros intervalos, con o sin partes libres.
    El profesor eligirá las obras de caracter polimelódico bajo cuyas normas hará el alumno la aplicación de los conocimientos adquiridos.

QUINTO AÑO. -

CONTRAPUNTO IMITATIVO. (CANON)

1.- Imitaciones canónicas.
        fragmentarias
    (a varias voces y diferentes intervalos, con o sin partes libres).
2.- Cánones enigmáticos, retrógrados, por aumentación, por disminución, movimiento contrario, etc.
3.- Creación de piezas en estilo imitativo.
4.- Introducción al estudio de la Fuga.

SEXTO AÑO, -

FUGA.

(Tonal y modulante en cuanto al sujeto).

1.- Tema. (Sujeto)
2.- Respuesta. (Contestación)
3.- Contrasujeto.
4.- Contrasujeto.

5.- Episodios.

6.- Strettos. (Empalmes) y Coda.

7.- Creación de la Fuga en estilos severo y libre.

(Análisis de las obras de Bach y otros grandes maestros)

SEPTIMO AÑO. -

1.- La suite.

2.- La forma de Lied.

(Lied sin palabras, Impromptu, Nocturno, Pequeña fantasía, Intermezzo, Romanza, Scherzo, Estudio, etc.)

3.- Forma de variación.

4.- Instrumentación para pequeños conjuntos.

OCTAVO AÑO.

1.- Sonata.

2.- Rondó.

3.- Sonatina. El Concierto (concertino)

4.- Fantasía. (Transcripción, Rapsodia); Capricho, etc.

5.- Duo, trío, cuarteto, quinteto, etc.

6.- Instrumentación para gran orquesta y Banda Militar.

NOVENO AÑO.

1.- Obertura.

2.- Sinfonía.

3.- Poema sinfónico.

4.- Drama lírico.

5.- Ballet.

Es de recomendarse a los alumnos que elijan para sus obras, temas de carácter folklórico, para acrescentar el acervo de nuestra producción nacional.

El análisis y audición de las obras de la literatura nacional y extranjera será siempre indispensable.

El profesor queda en libertad de indicar al alumno el momento oportuno para hacer práctica de dirección de orquesta y Banda Militar, pudiendo, además, variar el orden de los factores de este programa cuando lo juzgue conveniente, siempre en beneficio de los propios alumnos.

NOTA: - El estudiante tiene obligación de presentar como fin de su carrera una obra cuya forma puede elegir entre las de mayor representación enunciadas en los años OCTAVO Y NOVENO.

México, enero de 1939.

PROGRAMA DE LA CLASE "ARMONIA, MELODIA Y COMPOSICION" DEL MAESTRO RAFAEL J. TELLO.

- - - - - - -

Primer Año. -

1.- Acordes de tres sonidos en sus diferentes estados y posiciones en los modos mayor y menor.
2.- Acorde de 7a. de dominante; ambos modos.
3.- Acorde de 9a. de dominante; ambos modos.
   El enlace de los acordes mencionados será el normal dentro de la tonalidad.
4.- Principios de modulación. (primer grado de afinidad).
   Como mínimo de trabajos de aplicación, se harán ocho armonizaciones con bajos y cantos dados, aproximadamente ocho compases, para cada estado del acorde.
5.- Construcción melódica: motivo, grupo, frase y período.
   Melodías con y sin palabras.

Segundo Año. -

1.- Acordes de cuatro sonidos de los grados secundarios y sus diversas aplicaciones.
2.- Acordes de cinco, seis y siete sonidos sobre la tónica y sobre la dominante.
3.- Acordes cromáticos y acordes alterados de tres, cuatro y cinco sonidos.
4.- Modulación.
5.- Adornos en general (Retardos, apoyaturas, anticipaciones, etc.)
6.- Melodías.
   En-laces de períodos.
   Análisis armónico.
   Forma primaria con un solo tema.
   Obras clásicas y folklóricas.

CLASE DE CONTRAPUNTO PARA COMPOSITORES

Tercer año. -

Primer semestre.

Contrapunto severo a dos y a tres partes (12 ejercicios como mínimo en cada una de las cinco especies).

Segundo semestre.

Contrapunto a cuatro voces. (12 ejercicios como mínimo en cada una de las cinco especies en estilo severo).

Cuarto año.

Primer semestre.

> Mezclas a tres y cuatro partes (50 ejercicios como mínimo en estilo severo).
> Contrapunto invertible a la octava, a dos partes en estilo libre.

Segundo semestre.

> Contrapunto libre a cuatro voces. (Dos y tres de ellas respectivamente en invertible a la octava o a la décima)
> Imitaciones y Cánones. (Combinaciones de las diversas clases de cánones).
> Teoría y análisis del contrapunto a la 12a.

Quinto año.

FUGA.

Primer semestre.

> Teoría y práctica de la Exposición de la Fuga.

Segundo semestre.

> Teoría y práctica de las secciones media y final de la Fuga.

Sexto año.

COMPOSICION.

Primer semestre.

> Composición de diversas clases de fugas.

Segundo semestre.

> Composición de las pequeñas formas hasta formar la Suite.

Séptimo, Octavo y Noveno años.

Durante este lapso, los alumnos abordarán, en el orden que juzguen conveniente sus respectivos profesores, el estudio teórico y práctico de las Grandes Formas Musicales, es decir; de el Lied, la Sonata, el Trio, el Cuarteto, etc. (o sea la Música de Cámara Vocal e Instrumental); la Sinfonía, el Concerto, el Ballet, la Opera y el Drama Lírico, etc. etc. Pero están obligados a presentar en sus exámenes anuales, el material suficiente para la ejecución de un concierto; de tal manera, que a la conclusión de sus estudios, puedan acreditar su competencia profesional realizando tres actos musicales, uno de ellos Vocal, el otro Instrumental y el tercero Sinfónico u operístico.

NOTA. - El estudio teórico y práctico de la Instrumentación y de la orquestación, lo comenzarán los alumnos en el año que juzguen conveniente sus respectivos profesores, simultáneamente con las otras materias que pide este programa.- También quedan facultados los maestros para principiar a impartir a sus discípulos algunos de los conocimientos anotados en los últimos años de la carrera cuando les parezca oportuno. -

CLASE DE CONTRAPUNTO

PARA INSTRUMENTISTAS.

Primer semestre.

Contrapunto severo a dos partes.
Contrapunto invertible a dos voces a la octava.

Segundo semestre.

Contrapunto libre a cuatro voces (Dos de ellas en invertible a la octava).
Imitaciones y pequeños Cánones.
Teoría y análisis del contrapunto a la décima y a la duodécima.

Enero de 1939

PROGRAMA DE LA CLASE DE COMPOSICION
ARMONIO, CONTRAPUNTO Y COMPOSICIÓN DEL MAESTRO JOSÉ ROLÓN

PRIMER AÑO.

1.- Acordes de tres sonidos en sus diferentes estados y posiciones en los modos mayor y menor.

2.- Acorde de 7a. de dominante; ambos modos.

3.- Acorde de 9a de dominante; ambos modos.

El enlace de los acordes mencionados será el normal dentro de la tonalidad.

4.- Principios de modulación. (Primer grado de afinidad).

Como mínimo de trabajos de aplicación, se harán ocho armonizaciones con bajos y cantos dados, aproximadamente ocho compases, para cada estado del acorde.

5.- Construcción melódica: motivo, grupo, frase y período.

Melodías con y sin palabras.

SEGUNDO AÑO.

1.- Acordes de cuatro sonidos de los grados secundarios y sus diversas aplicaciones.

2.- Acordes de cinco, seis y siete sonidos sobre la tónica y sobre la dominante.

3.- Acordes cromáticos y acordes alterados de tres, cuatro y cinco sonidos.

4.- Modulación.

5.- Adornos en general (Retardos, apoyaturas, anticipaciones etc.)

6.- Melodías.

Enlaces de períodos.

Análisis armónico.

Forma primaria con un solo tema.

Obras clásicas y folklóricas.

TERCER AÑO.

PRIMER TRIMESTRE.

1.- Contrapunto a dos voces. Primera Especie. Modo mayor y menor. Mínimo, doce ejercicios.

2.- Contrapunto a dos voces. Segunda Especie; modos mayores y menores mínimo, doce ejercicios.

3.- Contrapunto a dos voces. Tercera Especie; modos mayores y menores; mínimo, doce ejercicios.

4.- Contrapunto a dos voces. Cuarta Especie; modos mayores y menores; mínimo, doce ejercicios.

5.- Contrapunto a dos voces. Quinta Especie; modos mayores y menores; mínimo, doce ejercicios.

SEGUNDO TRIMESTRE.

6.- Contrapunto a tres voces. Primera Especie; modos mayores y menores; mínimo, 18 ejercicios.

7.- Contrapunto a tres voces. Segunda Especie; modos mayores y menores; mínimo, 18 ejercicios.
8.- Contrapunto a tres voces. Tercera Especie; modos mayores y menores; mínimo, 18 ejercicios.
9.- Contrapunto a tres voces. Cuarta Especie; modos mayores y menores; mínimo, 18 ejercicios.
10.- Contrapunto a tres voces. Quinta Especie; modos mayores y menores; mínimo, 18 ejercicios.

TERCER TRIMESTRE.

11.- Contrapunto a cuatro voces. Primera Especie, modo mayor y menor. Mínimo 24 ejercicios.
12.- Contrapunto a cuatro voces. Segunda Especie, modo mayor y menor. Mínimo 24 ejercicios.
13.- Contrapunto a cuatro voces. Tercera Especie, modo mayor y menor. Mínimo 24 ejercicios.
14.- Contrapunto a cuatro voces. Cuarta Especie, modo mayor y menor. Mínimo 24 ejercicios.
15.- Contrapunto a cuatro voces. Quinta Especie, modo mayor y menor. Mínimo 24 ejercicios.

CUARTO AÑO.

COMPOSICION.- (Primer curso especial.)

PRIMER TRIMESTRE.

"EL MOTETE"

Análisis del Motete.
Establecer claramente desde el doble punto de vista del texto y de la música, las grandes divisiones de un Motete propuesto por el profesor.- Reducir cada división en frases o incisos.- Determinar los pasajes que pertenezcan más particularmente al orden simbólico. Composición de un Motete sencillo sobre un texto elegido por el alumno.

SEGUNDO TRIMESTRE.

"EL MADRIGAL".

Análisis de Canciones y Madrigales.
Anotar las deferencias que existen entre el estilo de estas piezas y el del Motete.
Composición de un Madrigal y de una canción polifónica, sobre texto a elección del alumno.- El Coral.

TERCER TRIMESTRE.

"CORAL FIGURADO"

Se elegirá entre las melodías gregorianas o entre los corales de las Cantatas y de las Pasiones de J.S. Bach, melodías regularmente divisibles en períodos que el alumno deberá tratar de tres maneras diferentes:
I.-   Relación a cuatro partes estando el Coral indiferentemente en cualquiera voz.
II.-   Primera variación a dos partes. Cada período del Coral se extenderá de manera de constituir una frase completa, tratando a la vez de guardar su fisonomía propia, en tanto que una segunda melodía se desarrolle contrapuntísticamente al rededor de ella.

III.-   Segunda variación a tres partes. Una de las partes hará entrar periódicamente el Coral los contrapuntos formados por los otros dos.

Este trabajo tiene por objeto instruir al alumno en el arte del desarrollo melódico (primera variación) y del desarrollo armónico) segunda variación), que más tarde tendrá que emplear de manera más razonada.

MATERIAL TECNICO.

PRIMER TRIMESTRE.

1.- Mezclas a tres y cuatro partes.
2.- Contrapunto invertido a dos partes. A la 8a May. y Menor 4 Ej.
3.-   "   "   "   "   "   "   " 10a " " "   4 "
4.-   "   "   "   "   "   "   " 12a " " "   4 "
5.-   "   "   " 3   "   "   " 8a " " "   6 "
6.-   "   "   "   "   "   "   " 10a " " "   6 "
7.-   "   "   "   "   "   "   " 12a " " "   6 "
8.-   "   "   " 4   "   "   " 8a " " "   8 "
9.-   "   "   "   "   "   "   " 10a. " " "   8 "
10.-   "   "   "   "   "   "   " 12a " " "   8 "

SEGUNDO TRIMESTRE.

LL
11.- Contrapunto invertible a la 8a y a la 15a.
12.- Contrapunto a cinco o más partes.

TERCER TRIMESTRE.

13.- Canon a diversos intervalos, a dos partes con una libre. 2 Ej.
14.- "   "   "   "   a dos partes con las 2 libres 2 Ej.
15.- "   "   "   "   a tres partes   2 Ej.
16.- "   "   "   "   a cuatro partes.
17.- Piezas en estilo polifónico.

QUINTO AÑO.

(Segundo Curso Especial).- LA FUGA.

PRIMER TRIMESTRE.-

Orígenes de la Fuga.- Parte histórica.
La Respuesta. El estudio de ésta deberá de ser de lo más minucioso y se emplearán en su investigación no menos de sujetos mayores y menores 15 Ejercicios.

SEGUNDO TRIMESTRE.

El Contrasujeto.- Trabajo acucioso y prolongado.

TERCER TRIMESTRE.

Episodios y Strettos.
En este trimestre se esforzará el profesor por porque el alumno intensifique su trabajo, a fin de lograr la habilidad necesaria para los trabajos ulteriores. Ejercicios, 15.

SEXTO AÑO

LA FUGA.-(Serie).

PRIMER TRIMESTRE.

Composición de la Fuga
Realización integral de la Fuga severa a cuatro voces, sobre un sujeto dado, con todos los elementos que ella contenga en el orden tradicional Trabajo mínimo, 3 Fugas.

SEGUNDO TRIMESTRE.

El mismo trabajo.

TERCER TRIMESTRE.

Nociones de armonía ultramoderna.
Composición libre.

SEPTIMO AÑO.

"Las Grandes Formas".

PRIMER TRIMESTRE.

La SONATA.- Su desarrollo clásico y romántico con las variaciones ornamentales, decorativas y amplificadoras.

SEGUNDO TRIMESTRE.

EL TRIO.

TERCER TRIMESTRE.

El CUARTETO y demás pequeños conjuntos.

Además en este año se iniciará al alumno en la Instrumentación, trabajando los pequeños conjuntos integrados por las diversas familias de aliento maderas, aliento metales o en combinación de las mismas añadiendo los instrumentos de percusión.

OCTAVO AÑO.

PRIMER TRIMESTRE.

La SONATA.- Estudio de esta forma musical.
Sinfonía, Cuartetos, etc., etc.

SEGUNDO TRIMESTRE.

El CONCIERTO
Estudio de esta forma musical.

TERCER TRIMESTRE,

La INSTRUMENTACION.
Instrumentación para grande Orquesta con obras del estudiante o de otros autores.- Reducción de partituras de Orquesta para Piano o música de Cámara.

NOVENO AÑO.

PRIMER TRIMESTRE.

EL POEMA SINFONICO.- Estudio de esta forma musical.

SEGUNDO TRIMESTRE.

EL DRAMA LIRICO.- Estudio de esta forma musical.

TERCER TRIMESTRE.

EL BALLET.- Estudio de esta forma musical.
Todo esto con los procedimientos de estructura melódica, armónica y colorido aplicado dentro de los estilos moderno y ultramoderno.

NOTA:- El alumno tiene obligación de presentar una obra como fin de su carrera y cuya forma puede elegir libremente entre las enunciadas en los años OCTAVO Y NOVENO.

Enero de 1939

PROGRAMA

DE LA CLASE DE ANALISIS MUSICAL.

PROFESOR CANDELARIO HUIZAR.

Cátedra de Análisis Musical a cargo del Profesor Candelario
Huizar México, D. F., enero de 1,939

Antecedentes.

En apoyo de esta materia, me permito manifestar lo siguiente:

En los actuales tiempos y dado el desarrollo musical presente, considerado indispensable para nuestros jóvenes alumnos, (Compositores, Directores de Orquesta e Instrumentistas), que deben de tener un conocimiento básico, Teórico-Técnico, de cada una de las formas musicales que se les presenten. Unos para crear, los otros para interpretar.

Los jóvenes, cuyo estudio es la composición, tendrán la teoría, y características generales, de la obra que deseen crear. Con esta preparación, el alumno, desde sus primeros ensayos podrá revelar su capacidad y personalidad.

Sin esta preparación se verá obligado a leer obras de Grandes Maestros y, el resultado final forzosamente será una imitación de los modelos estudiados.

LOS INSTRUMENTISTAS: Sus interpretaciones (sobre todo en la música de Cámara, podrán ser más eficientes, no dando el aspecto de una verdadera lucha de técnica. Defecto hasta hoy no corregido.

LOS DIRECTORES DE ORQUESTA: Podrán en todo momento establecer sus sectores, armónicos y otros muchos recursos forzosamente indispensables dentro de esa técnica. Creo que con el conocimiento TEORICO-TECNICO, acompañado de su estudio personal, estarán capacitados para resolver los problemas que se les presente, evitando interpretaciones falsas, dentro de la Literatura Orquestal.

Por lo anterior, debe estimarse esta Cátedra como MATERIA BASICA, dejando de ser materia complementaria.

PRIMER AÑO.

PRIMER TRIMESTRE.

1. - a) EL MOTIVO.- Teoría de su desarrollo como Elemento Germen, en la estructura de una melodía.
   b) El inciso.-Semi-Período y Período. - Teoría de su estructura.

2. - LA FORMA SIMPLE.- Binaria y Ternaria.- Análisis de nuestra canción y danza popular, en su forma y plan melódico-armónico, por comparación con las clásicas.

3. - LA SUITE CLASICA.- Su orígen.- Principales características de cada una de las partes que la forman.- Análisis de la Suite de autores preclásicos.

SEGUNDO TRIMESTRE.

1. - LA MUSICA POLIMELODICA.- (J. S. Bach).
   La Invención a dos y tres partes.- Análisis de sus diferentes aspectos.

2. - EL PRELUDIO.
   b) LA FUGA.-Análisis; de ambas formas en su plan melódico, armónico y su estructura.

TERCER TRIMESTRE.-

1. - LA SONATA PRIMITIVA.- Su orígen y sus fundadores.
    (Scarlatti etc.)
    Análisis de estructura y forma.

2. - LA SONATA CLASICA.- Sun fundadores:
    F. Em. Bach, Haydn y Mozart.- Características generales de su evolución dentro de la forma.

ANALISIS DE DICHOS AUTORES.

SEGUNDO AÑO. -

PRIMER TRIMESTRE. °

1. - FORMAS INDEPENDIENTES. "Piezas de Salón".
    Análisis de autores románticos

2. - EL RONDO.-Autores preclásicos y clásicos.
    Análisis de los diferentes aspectos en que se presenta.

3. - LA VARIACION.
    a.- Sus características como elemento de modificación a una melodía.
    b) FORMA VARIACION.- CHACONA, PASACALLE, etc.
    Análisis dentro de sus diferentes aspectos. (Autores preclásicos y clásicos).

4. - SONATA BEETHOVIANA.- Análisis de su evolución general dentro de sus tres épocas.

SEGUNDO TRIMESTRE. -

1. - SONATA.- Autores románticos y modernos.

2. - MUSICA DE CAMARA, (Cuarteto Clásico, etc)
    Análisis de autores clásicos, románticos y modernos, dentro de los recursos disponibles.

TERCER TRIMESTRE. -

1. - LA ORQUESTA. -
    a) SINFONIA CLASICA.- Haydn, Mozart y Beethoven.
    Análisis dentro de todos sus aspectos.
    b) SINFONIA ROMANTICA.-
    c) SINFONIA MODERNA.- Ambas épocas. (Se verán siempre que se cuente con material suficiente).

2. -   CONCIERTO CLASICO Y ROMANTICO.
        Mozart, Beethoven, Mendelssohn, etc.
        Análisis de su forma y principales características, dentro de las dos épocas.

3. -   POEMA SINFONICO.- Todas sus manifestaciones posibles, dentro de los recursos disponibles.

Enero de 1939

PROGRAMA DE UN CURSO PRACTICO DE INSTRUMENTACION Y ORQUESTACION POR EL PROFESOR RODOLFO HALFETER

I.-

LA TECNICA DE LOS INSTRUMENTOS.

Se examinarán los diferentes instrumentos de la Orquesta (extensión y posibilidades técnicas), siguiendo el orden generalmente establecido en la disposición actual de una partitura de orquesta de arriba a bajo. Esto es: de la Flauta o Flautín al Contrabajo.

FLAUTA Y FLAUTIN,
OBOE Y CORNO INGLES,
CLARINETE, CLARINETE BAJO Y
CLARINETE AGUDO EN MI BEMOL. (REQUINTO).
FAGOT Y CONTRABAJOFAGOT.

TROMPAS,
TROMPETAS,
TROMBONES,
TUPAS (SAXHORNS),

INTRUMENTOS DE PERCUSION.

SAXOFONES,

PIANO,
CELESTA,
ARPA,

QUINTETO DE CUERDA.

Las posibilidades técnicas de cada uno de los instrumentos de la orquesta y su escritura peculiar se estudiarán mediante ejemplos, tomados, en su mayor parte, de partiruras actuales de las escuelas rusa, francesa, alemana, húngara, austriaca, española y mexicana; ya que se trata de examinar los recursos actuales de los distintos instrumentos.

II.-

LA TECNICA DE LA ORQUESTACION.

A.- Estudio comparativo del volumen sonoro de los distintos instrumentos y grupos de instrumentos de la orquesta.

B.- La melodía.

C.- La armonía (marcha de las voces, disposición de acordes, etc).

D.- La disonancia y el color armónico.

E.- La escritura orquestal ("tuttis", solos, fondos armónicos, color orquestal, efectos decorativos, expresivos y de matiz, empleo del piano, del arpa y de la percusión, etc.).

F.- La instrumentación de un trozo de piano y la reducción para Piano de un trozo de orquesta.

III.-

ANTOLOGIA.

La orquesta clásica, romántica y actual.

El "Jazz-band", la politonía, el atonalismo, la radio, el cine, la placa gramonófica y los instrumentos eléctricos (ondas musicales).

Los apartados II. y III., se estudiarán a la vista de numerosos ejemplos musicales y mediante la audición de placas gramofonicas.

- - - - - - - - - - -

BIBLIOGRAFIA
<u>ARMONIA Y ANALISIS.</u>

KITSON	Rudiments of Music.
"	Elementary Harmony and Additional Exercises.
FOOTE AND SPALDING	Modern Harmony
FOOTE	Modulation.
WEDGE	Applied Harmony
"	Keysboard Harmony.
A. EAGLEFIELD HULL,	Modern Harmony.
MILLER	New Harmonic Devices.
FOWLES.	Eye, Ear, and Hand in Harmony Study.

<u>BIBLIOGRAFIA</u>	<u>CONTRAPUNTO.</u>
BRIDGE	Counterpoint
JADASSOHN	Modern Counterpoint
PROUT	Fugue, Fugal Analisis
HIGGS	Fugue.
GEDALGE	Fugue
KITSON	Applied Strict Counterpoint, AND
	Invertible Counterpoint and Canon.
MORRIS	Contrapuntal Technique in the Sixteenth Century.
DUBOIS	Conterpoint and Fugue.
KITSON.	Studies in Fugue, AND
	Elements of Fugal Construction
CHERUBINI	Conterpoint.

<u>BIBLIOGRAFIA</u>	<u>COMPOSICION.</u>
R. O. MORRIS	Structure in Music.
GOETSCHIUS	Exercises in Melody-writing.
"	The Homophonic Forms of Musical Composition.
VINCENT D'INDY	Cours de Composition Musicale
Referente a Instrumentación.	
FORSYTH	Orchestration.
RIMSKY-KORSAKOV	Principles of Orchestration.
WIDOR	Technique of the Modems Orchestra.
GEVAERT.	Traité nouveau d'Instrumentation.
HOFMANN	Practical Instrumentation.
RCHARD STRAUSS	Instrumentationslehre con Hector Berlioz.

PROGRAMAS.

DE

MATERIAS ACADEMICAS.

CURSO

DE

HISTORIA DE LA MUSICA

FORMULADO POR EL PROFESOR
ADOLFO SALAZAR. -

LA MUSICA EN LA SOCIEDAD EUROPEA
DESDE LOS TIEMPOS PRIMITIVOS HASTA FINES DEL SIGLO XVIII.-

Curso de treinta y seis Conferencias, con ejemplos musicales y audiciones de obras.

_____

Prof. Adolfo Salazar.

Introducción:- Las grandes Estructuras de la Música.

(La función musical en la Historia antes de los documentos. Introducción al estudio de las formas: seis Conferencias).

I.-   La Música en el Templo.
II.-   La Música en la Escena.
III.-   La Música en el Pueblo.

Lección primera.-

Sentidos respectivos y sentidos comunicativos. La Música y la Danza en las representación prehistóricas. Lo sobrenatural sonoro. Los espíritus y su servidumbre a la Magia. El encantamiento. Fórmulas de conjuro. La imitación mágica. Danzas y cantos mágicos. Proceso ritual. Evolución de la Magia. Proceso religioso. Mago y sacerdote. Vinculación de los instrumentos musicales a las divinidades. Culturas guerreras o varoniles. Culturas agrícolas o femeninas. Sus ritos. Su organización musical. -- Danza y gesto. Palabra cantada y poesía en la Grecia primitiva. Canto y encanto. Mímica ritual. La "cheironomía" en el templo, egipcio.

Lección segunda.

La Música en el templo israelita. Supervivencia y superstición. Los Salmos y su procedencia mágica. Hacer-Hechizo. La invocación en la religión judía y en la cristiana. Mover y conmover. Fórmulas ternarias: primer proceso de construcción melódica. Conjuro y Oración. El ritual cristiano y su simbolismo. El fuego. El incienso. -- El altar: tumba y mesa. Transmisión de las divinas sustancias. Banquetes rituales. Mitos cereales y mitos solares. Sentido humanista de la evolución mística y religiosa. -- La Música en los templos egipcios, babilonios y asirios. Siria y Palestina. Sus instrumentos y su simbología. Literatura y Música en la Biblia. El canto responsorial y antifonal. Su permanencia en los ritos judaicos y cristianos. La Música del Remplo de Jerusalem. Su sistema modal y los modos griegos.

Lección tercera.

Teatro, ara, altar. El mito de la muerte del año y de la muerte del dios. Pasión, muerte y resurrección. Simientes. Descenso al Hades. Resurrección floreal. Imitación mágica en la re-presentación de la vida del dios. Las divinidades cereales: Osiris, Thamuz, Adonis, Attis, Adonai, Cristo. El "sparagmos". La sustancia divina es injerida por los fieles. El mito de Osiris. Los árboles-dioses. Culto sacerdotal y popular de Osiris. Fiestas para su enterramiento. La Semana Santa. Los jardines de Osiris. Isis-María. -- El ritual de Adonis. Palestina y

Chipre. Las Santas Mujeres. Trenos y Lamentaciones. Astartea. Isis y Afrodita. Flores para Adonis. Los animales representativos del dios. El buey Apis. El Minotauro. La "taurokathapsia". Creta. Animales bíblicos. El cordero pascual. La fiesta del carnero. El chivo de Dionysos. -- El culto de Dionysos y los albores del teatro en Grecia. Pasión, muerte y resurrección de Dionysos. Su simbolismo vegetal. Las dos formas del teatro dionisiaco. Tragedia o historia del "sparagmos" del chivo-Dionysos. Comedia, o fiesta de la resurrección y la fecundidad. -- Rito y estructura del drama primitivo. El ditirambo. Acción y lirismo. Lo que se ve y lo que se oye. El treno, junto al sepulcro. "Ai-Linos". El Peán jubiloso. Su papel resucitador. El estribillo, persistencia de la fórmula mágica invocatoria. El cortejo del dios. Sus danzas.

Lección cuarta.

Las grandes fiestas. Partes del teatro griego. Escena y orquéstica. Extensión del drama dionisiaco. Otros argumentos. Los coros y su evolución. Desarrollo de los géneros dramáticos. La máscara y su significación. Los juegos pre-romanos. El influjo de la cultura griega en el Lacio. El histrión y el juglar. Géneros del teatro latino. La comedia de Plauto y el Espíritu popular. La "cantica", suprimida por Terencio. El mismo. Divorcio entre la palabra, la danza y el canto. Su evolución específica. Las pantomimas. El títere como intérprete. Antigüedad de las marionetas. El teatro religioso medioeval. Aportaciones populares. Decadencia del teatro romano. La nueva era. Cambio Paulatino en las costumbres y en la conciencia social. La Iglesia y el Imperio. Persistencias paganas. Teatro monástico en lengua vulgar.

Lección quinta.

Agente y autor en el arte popular. Creación colectiva. Formación colectiva del idioma. La Etimología. Jeroglífico, numeración y alfabeto. Sentido figurado de los nombres. Persistencia por medio de la escritura. La tradición. El Folklore, Distinción entre el área popular y lo folklórico. Los conocimientos sistemáticos. Arqueología y Folklore. La "invención". La extensión del arte en zonas populares. Lo popuolar en la edad Media. Residuos folklóricos en la cultura moderna. Proceso del canto colectivo. El rito. El canto mágico. El canto religioso. El canto popular. Carmen y Carmina.

Lección sexta.

Primitiva fusión de la palabra el canto y la danza. Que se entiende por "pueblos primitivos". Doble método de estudio en el Folklore. Condiciones constantes en el canto folklórico. Distancia vocal e intervalo armónico. Grupos melódicos. Escalas defectivas. Génesis de los "modos". Construcción melódica. Esquema de la danza. La repetición de la música eclesiástica. Ejemplos de construcción en las fórmulas mágicas. Ethos de los modos y ethos de los ritmos en la Edad Clásica. Su persistencia en la Edad Media. En Salinas. En la Pleyade. Orfeo en el Renacimiento italiano. Géneros líricos secundarios. Las canciones de oficios. El "refrain" o estribillo. Vocales invocativas o mágicas. Etnología e Historia. Sus deducciones. Adherencias sucesivas en el Folklore. Su eliminación. Como pervive la canción folklórica.

- - - - - - - - - -

LA MUSICA EN LA SOCIEDAD EUROPEA DESDE LOS PRIMEROS SIGLOS CRISTIANOS HASTA FINES DEL SIGLO XVIII.

Lección 7a.-

Concepto de la Historia de la Música. El documento y el fenómeno musical vivo. Paleografía y crítica. Transformaciones de la función musical y evolución de las formas. Doble punto de vista en la Historia Musical. Método seguido en el presente estudio. Sus periodos Ideas de "valor" y de "progreso" en el desarrollo de los géneros. Conceptos de la "personalidad" y el "Avance" en el arte. El arte musical europeo. Los primeros tiempos cristianos. Función social de la música en la decadencia grecorromana. Documentos conservados de la Música en la decadencia clásica.

Lección 8a.-

EPOCA ORIENTAL BIZANTINA.- Orígenes inmediatos de la Música de los primeros tiempos cristianos. Música vocal e idioma. Prosodia del idioma griego y del latino. Principio de la "cantidad" y del "acento". La música de la Sinagoga. Vigencia actual del canto eclesiástico. Música sagrada y música profana. Música y Estado. La Iglesia. La Liturgia. La música en la liturgia milanesa y romana. San Ambrosio y San Gregorio. Cultura del canto liturgico. La sociedad feudal. Cultura de la monodía acompañada. Epocas de la Polifonía y de la música concertada.-- Los primeros cristianos de origen griego en el Lacio. Su música. Formas principales. La reforma gregoriana. Aparición de la notación neumática.

Lección 9a.-

EPOCA DEL ROMANICO.- La primitiva monodía eclesiástica. Las diferentes Iglesias. Aportaciones orientales. No "arte" sino forma de lenguaje. La elaboración occidental. La Unidad de la Fé y de la Cultura. La Iglesia medioeval. El estilo románico. Colaboración del pueblo. El latín vulgar se se distancia del latín eclesiástico. Hegemonía del rito galo-romano. La inspiración popular dentro de la Iglesia. Los Hinos. Bizancio. El Arte religioso popular. Principios nacionalistas en la Iglesia occidental. Lucha de los eclesiásticos contra la presión popular. Vitalidad de este influjo.

Lección 10a.- Formas del canto litúrgico. La secuencia. Melismas y prosodia del Alleluia. Los Tropos. La Misa: trozos permanentes y accidentales. Inclinación hacia el teatro religioso-popular. El arte bizantino-románico, del primer milenario. Reminiscencias hebráicas. Las "Lamentaciones".

Influencias de retorno en la música de la Sinagoga. Permanencia de lasteorías clásicas. La monodía eclesiástica frente al influjo popular.

Lección 11a.-

EPOCA DEL GOTICO.- Evolución del sentido melódico. Iniciación del sentido armónico. Pluralidad sonora. Como se organiza. Comienzos del Contrapunto. El giro melódico y su "imitación". -- Cambios en la conciencia social desde la alta Edad Media. Evolución del sentido estético. Diafonía. Organum, Fabordon, Cantus, y discantus. El "conductus". El principio de la "rotación".

Lección 12a.-

El Motete. Su evolución. Fases principales. Filtración de lo popular en el Motete. "Ars Antiqua" y "Ars Nova". Anonimato y personalidad en el arte medioeval.

Lección 13a.

Las tierras del Gótico y del Contrapunto. Inglaterra y Francia.
La escuela de París. Leonino. Perotino. Jean de Garlande. Walter Odington.
Los dos Francones. Adam de la Halle. G. de Machault. Ph. de Vitry. Cristóforo Landino.

Lección 14a.-

Diversificación de los estilos populares. Simetría y Euritmia. Ornamentación y simbolísmo. Música y danza populares. Tradición oral y escrita. La tradición escrita, predominantemente "cultural." Política en las formas culturales. Fijación de tipos. Persistencia de las formas populares. Estructuración del arte en los monasterios y del arte popular en las villas de la época del Románico. El arte en los castillos feudales. Las "villas nuevas", Histriones, juglares y ministriles. El juglar, archivo de la tradición oral. Los trovadores y troveros. Géneros de poesía y música trovadorescas.

Lección 15a.-

Los Minnesaenger. Origen monástico de las formas trovadorescas. El estribillo y su origen antifonal. Influencias populares en las formas trovadorescas. El principio de la rotación en la danza y en las formas poéticas derivadas de ella. La canción satírica y política. Ritmo y metro en la poesía y música de los trovadores. Las "laudi" italianas.

Lección 16a.-

Corporaciones artísticas en la Baja Edad Media. Juglares y clérigos menores. "Mester de Juglaría" y "mester de clerecía". Peregrinaciones a Compostela. Poesía lemosin en España; El lirismo gallego: su poesía y su música. Alfonso X. Música instrumental en la Baja Edad Media. Los instrumentos de los juglares. La musicología en los poetas de la "cuaderna via", en las miniaturas de los códices y en las esculturas románicas. Los instrumentos de los trovadores y de los juglares. instrumentos "altos" y "bajos. Música para ser cantada y música para ser bailada. El alba del Renacimiento.

Lección 17a.-

EL RENACIMIENTO.- La Polifonía en el siglo XV. El Renacimiento en Italia. El principio monárquico. Los nuevos Estados. La ambición del poder. Luchas políticas. Esplendor del estilo gótico y de la Polifonía. Espíritu de crítica y de emancipación en el Renacimiento. Las revoluciones políticas. -- Primer florecimiento de la Polifonía en el Siglo XV. Dunstable. Dufay. Superposición de textos.

Lección 18a.-

El segundo florecimiento de la Plifonía renacentista. Ockeghem. Obrecht. Josquin Desorés. La "gran forma" polifónica. La Misa polifónica. Proscripción de los instrumentos en la polifonía profana. El Madrigal.

Lección 19.-

El Siglo XVI. Sus tres generaciones. Willaert y Jannequin. Los Gabrieli. Ph. de Monte. Palestrina y Lasso. Marenzio y Monteverde. Palestrina en la reforma de la música religiosa. El Concilio de Trento. La polifonía religiosa en España. Morales, Guerrero Victoria. Decadencia de la gran forma polifónica.

Lección 20a.-

Las especies polifónicas son un "arte culto". Libre invención y libertad técnica. Evolución del Motete. La Balada. La canción polifónica. La "chanson" de Jasquin Després. Músicos y poetas en la corte de los Médicis. Heinrich Isaak. Las formas pequeñas. Decadencia del Madrigal. La Polifonia en las cortes de las tres grandes monarquías del Siglo XVI.

Lección 21a.-

La Música de las capillas reales. Instrumentos de "camarín" en el siglo XVI. Sus variedades y familias. Polifonía instrumental y monodía acompañada. La monodía vocal en los vihuelistas españoles. Los géneros vocales menores.

Lección 22a.-

Las "academias" poético musicales en el Siglo XVI. La "Pléyede". La música mesurada a la antigua. Los florentinos neo-clasicistas. La melodía declamada. Rinnucciani. Peri. Cavalieri. Caccini. Las "Nuove Musiche". Melodía e idioma en Toscana. El "melodrama".

Lección 23a.-

EL BARROCO.- Formas monódicas menores en Italia. La Cantata. Mazzochi. Rossi. Carissimi. El Oratorio. El "arioso". El estilo barroco.

Lección 25a.-

La Opera en Roma. El gran espectáculo. La Opera en Venecia. Cavalli. La ópera italo-francesa. Lully. El "ballet" de corte. La "ópera-ballet" Perrin y Cambert. La ópera europea.

Lección 26a.-

Las combinaciones instrumentales hasta el siglo XVII. Géneros instrumentales menores en el laud, vihuela y guitarra. Las danzas. Instrumentos de tecla: Órgano y Claves. Cabezón. Santa María. Géneros instrumentales. Organistas italianos. Flamencos y alemanes. Sweelinck. Scheidt. Fischer.

Lección 27a.-

El clavicordio. Kuhnau. El "clavecin" francés. La "suite de danses". Los Couperin. El clavicembalo italiano: los Scarlatti.

Lección 28a.-

El Violín. Música concertada de cámara. Legrenzi. Sonatas y Trios. Francois Couperin. Rameau. La Sonata: G. Gabrielli. La Obertura instrumental. Scarlatti y Lully.

Lección 29a.-

La Orquesta. Hacia la Sinfonía. El "plan" orquestal. La Sonata como forma grande. La Suite. El "Concerto grosso". Torelli. Avances del virtuosismo. Vivaldi. Veraccini. Locatelli. Tartini.

Lección 30a.-

La formación de la conciencia musical alemana. H. Schutz. Pasiones y Sinfonías Sacras. Unidad de estilos en el siglo XVIII. Las dos mitades del siglo XVIII y sus estéticas correspondientes.

Lección 31a.-

Juan Sebastian Bach.

Lección 32.-

G.F. Haendel.

Lección 33a.-

Opera y oratorio en Inglaterra. Purcell. J. Ch. Bach. El influjo de Haendel. La Opera bufa en Italia. Los "intermedios" y géneros líricos menores en Francia y en España. La Opera seria. Metastasio.

Lección 34a.-

Rameau, Gluck y la reforma de la Opera.

Lección 35a.-

El clasicismo vienés: Haydn. La Sinfonía. El Cuarteto.

Lección 36a.-

El clasicismo vienés: Mozart. Música sinfónica y de cámara. El teatro de Mozart. Hacia el Siglo Romántico.

- - - - - - - - - - - - -

OBRAS MUSICALES QUE SERAN PRESENTADAS EN ESTAS CONFERENCIAS.

<u>Música anterior al año 1000.</u>

Himno a Apolo.

Skolio de Seikilos.

Música sinagogal. Fragmentos varios. Lectura de los Libros Sagrados.

Veni Sancti Spiritus (Organum del siglo X u XI).

Te Deum ambrosiano.

Música gregoriana en sus diferentes especies; Kyries, Gloria, Sanctus, Agnus, Requiem, Salmos, Ofertorios, Antífonas, Graduales. Himnos Alleluias. Cantos para la comunión. Elegías. Tenebrae. Tractos, Otros trozos para ocasiones diversas.

Veni Creator Spiritus.

Media Vita en Morte summus (de Notker).

Cantos populares introducidos en la Música litúrgica.

<u>Siglos XI - XII - XIII.</u>

Canto llano con órganum.

Organum primitivo de los siglos X a XI.

Organum posterior de los siglos XII a XIII.

Organum duplum de Leonino.

Cantos de peregrinos a Compostela.

Cantos de juglares italianos.

Canciones a voz sola y acompañada de trovadores y troveros.

Idem de Minnesaenger alemanes.

Canción de iglesia en lengua vulgar, de Perotino.

Motete con textos superpuesto de Francon de Colonia.

Anónimos florentinos del siglo XIII.

Laudis italianas.

"Sumer is icumen", primer ejemplo del canon, inglés (1240)

Danzas instrumentales francesas de los siglos XIII y XIV.

Siglo XIV.-

Danzas instrumentales francesas de los siglos XIII y XIV.

Baladas italianas Laudi del siglo XIV.

Ave Mater, escuela veneciana del XIV.

El Canon, la Chase y la Caccia en el siglo XIV: Pierre de Molina, Jacopus de Bologna. Ghirardellus.

G. de Machault: Misa para la Coronación de Carlos V.

Siglo XV.-

Dufay: Misa, Motetes, Fabordones, Gl ria, Piezas instrumentales.

Ockeghem: Chanson polifónica.

Brassart: Motete.

H. Finck: Canciones alemanas polifónicas.

Senfi: "   "   "

John Benet: Motete.

Francisco de la Torre: Danza Española. Adoramuste.

Heinrich Isaak: Madrigales y canciones.

Josquin Després: Madrigales. Chansons. Piezas religiosas.

Música de la capilla de Enrique VI de Inglaterra.

Rondós instrumentales francesas del siglo XV.

Siglo XVI.-

Danzas instrumentales francesas del siglo XVI.

Jannequin: Madrigales. Chansons.

Gombert: Salmo.

Virginalistas ingleses: Byrd. Dowland etc.

Música para laud.

Vihuelistas españoles.

Clavicinistas franceses.

Canciones galantes francesas con acompañamiento.

Romances y Villancicos españoles, canto y vihuela.

Canciones alemanas del siglo XVI.

Cabezón: Tiento (órgano).

Tomás de Santa María: Fantasía (órgano).

Claude Lejeune: Chansons, Salmos hugonotes.

Corales protestantes.

Arcadelt: Madrigales. Piezas religiosas.

Goudimel: Salmo hugonote.

Costeley: Chanson.

Caccini: monodia de la ópera Euridice.

Peri: Canzona di Euridice.

Victoria: Polifonía religiosa.

Orlando Lasso: Canción. Madrigal. Miserere.

Palestrina: Trozos de la Misa del Papa Marcelo. Fabordon. Himnos y Madrigales.

Marenzio: Madrigales.

C. Festa: Madrigal.

G. Gabrielli: Ricercare (organo). Benediciste a 7 voces.

Sweelinck: Motete. Salmo.

Madrigalistas ingleses.

Horacio Vecchi: Madrigal.

Stefani: Duo.

Gesvaldo da Venosa: Madrigales.

Leo Hassler: Madrigal.

Cl. Tessier: Chansons y Madrigales franceses.

Siglo XVII.-

Monteverde: Monodia acompañada. Lamento de Ariadna. Fragmentos de Opera. Madrigales.

Música instrumental alemana del siglo XVII.

Canciones Alemanas del Siglo XVII.

Frescobaldi: Tocata para órgano.

Madrigalistas e instrumentalistas ingleses.

Schutz: Conciertos espirituales. Salmos. Música profana.

Albert: Canto Espiritual.

Hammerschmidt: Danklied.

Pachelbel: Piezas para órgano.

Scheidt: ”   ”   ”

Corelli: Piezas de violín.

Los Violinistas: Locatelli, Geminiani, Leclair. Pugnani, Viotti.

Purcell: Arias para teatro, Piezas para clave. Sonata. Trozos religiosos.

Dell' Abaco: Sonata.

Lully: Arias de óperas.

Couperin, Francois: Música religiosa.

Alessandro Scarlatti: Arias de Ópera. Sonata para instrumentos.

Siglo XVIII.-

Domenico Scarlatti: Sonatas para clavicembalo.

Clavicembalistas franceses: Couperin, Rameau, Blavet, Daquin, etc.

El Violin en el siglo XVIII: Vivaldi, Tartani, Nardini, Stamitz.

Leclair: Trio. Sonata.

Telemann: Cuarteto.

Blavet: Sonata para flauta.

Zipoli: Piezas para clave.

Rousseau: Arias de "El adivino de Aldea".

J. S. Bach: Música para clave. Concerti para violín y para claves. Cantatas de iglesias. Suites instrumentales. Corales. Sonata para violín y clave. Fugas.

G. F. Haendel: Música para clave. Fragmentos de óperas y de oratorios. Sonata para oboe y violín. Sonata para viola de gamba y clave.

Haydn: Trios, cuartetos, fragmentos de sonfonías y obras vocales.

Richter: Música instrumental sinfónica y de cámara. Fragmentos de óperas.

- - - - - - - - - - - - -

México, D.F., junio de 1939.

Prof. Adolfo Salazar.

PROGRAMAS DE

IDIOMAS

México, abril 20 de 1,939. -

A LOS CC. PROFESORES DE IDIOMAS: -

En vista de las importancia que tienen los idiomas para la cultura general y especialmente musical de los estudiantes del Conservatorio, ruego a ustedes atentamente, si no tienen opinión contraria, lo que les suplico manifiesten inmediatamente a la Dirección, realicen dentro de sus Programas de clases y en sus prácticas correspondientes, las siguientes sugestiones:

En primer término dése a los idiomas una tendencia hacia el aprovechamiento de todas las ramas musicales de los mismos, enseñando términos musicales, haciendo traducciones y también versiones al idioma extranjero de biografías de músicos y de obras de estética, metodología, pedagogía, etc., musicales.

Dése preferencia al estudio fonético señalándose una exigencia mayor para los alumnos que se dedican al canto y en este caso haciendo la revisión de la debida pronunciación de las obras que estén estudiando en sus clases de Canto y Declamación Lírica.

Háganse reuniones quincenales o mensuales en el Salón de Actos del Conservatorio que tengan carácter social íntimo invitando al efecto al H. Cuerpo Diplomático de las naciones afines al idioma de que se trate, a la H. Colonia también respectiva; organizando programas con música original de dichos pueblos, así como declamaciones líricas y pequeñas disertaciones o conferencias en el idioma señalado. - Estrictamente quedará prohibido hablar en español sujetándose toda la conversación al idioma que se enseña. Estas prácticas, además de llevar un entendimiento en el idioma extranjero, servirán a los estudiantes para relacionarse con las HH. Colonias extranjeras y darse a conocer en sus actividades artísticas. -

Hágase que los estudiantes se relacionen con otros de Conservatorios extranjeros, de tal manera que su correspondencia sea en el idioma extrajero y por lo tanto, no sólo se tenga la práctica de expresión de ideas, sino también se lleve la ventaja de conocer el funcionamiento de aquellos centros de enseñanza y se logre dar a conocer a nuestro Instituto fuera de nuestra Patria.

Por último, en cada una de las clases de idioma extranjeros debe iniciarse la traducción de nuestros Anales del Conservatorio, así como de conferencias y disertaciones de los maestros y estudiantes, que sobre tópicos musicales han pronunciado y que serán de verdadero provecho para la mejor inteligencia de otros pueblos con el nuestro.

La próxima publicación de nuestra Revista de Música, incluirá secciones escritas en idiomas extranjeros y esta será redactada por las clases dedicadas a estas materias.

Con todo el respeto que ustedes merecen, atentamente.

EL DIRECTOR.
Dr. Adalberto García de Mendoza.

LOS IDIOMAS EN EL CONSERVATORIO.

Por el Dr. Adalberto García de Mendoza

Ajustar la enseñanza de los idiomas al campo de la actividad musical constituye el propósito de una nueva Pedagogía. La enseñanza de los idiomas en el Conservatorio tiene como finalidades las de proporcionar un mejor aprovechamiento de las culturas que no se expresan en nuestro idioma, y sobre todo proporcionar a los estudiantes de canto una buena fonética para sus interpretaciones musicales.

PRIMER ASPECTO.

En el primer aspecto, la enseñanza abarca el conocimiento del idioma en su uso hablado así como en la traducción. El léxico debe ajustarse a las necesidades del profesionista de la música y por lo tanto es preferible darle una documentación bastante amplia de términos musicales así como de estudios relacionados con crítica, análisis musicales. Para lograr mayor éxito ya se dan los pasos necesarios para relacionar a nuestros estudiantes con los de los Conservatorios extranjeros y de esa manera aprovechar, no solo el conocimiento del idioma, sino también tener la documentación necesaria que estos mismos estudiantes pueden entregar acerca del funcionamiento de sus escuelas, actividades musicales en su país, y en general, todo dato que por ser del momento proporcione mejor entendimiento sobre las actividades actuales del arte de los sonidos.

LA FONETICA.

En lo que respecta al segundo punto, se ha recomendado especialmente a los profesores de Idiomas que tengan un cuidado excesivo en lo que se refiere a la pronunciación y para ello se dén nociones fundamentales de Fonética, enseñanza, esta última, de enorme interés para toda investigación.

Las clases de idiomas están íntimamente relacionadas con los de canto, pues habrá una exigencia especial para que no se olvide este aspecto tan interesante para el cantante. Nada es más bello que oir una melodía de Schubert en perfecto alemán, un pasaje operístico de Debussy en acabado francés, una versión gregoriana en pulido latín.

Señálase así mismo una relación estrecha entre la enseñanza del idioma y los literatos y poetas que han servido de base a las creaciones musicales más selectas. Goethe, Heine, verdaderos creadores e iniciadores de la obra de Schubert, Schumann, Weber, Schömberg; y todos ellos deben tomarse como estudio detenido para llegar a comprender la preferencia del creador musical, así como la naturaleza misma de su propia realización.

Así como el artista creador tiene que forjar su obra tomando en cuenta la acentuación correcta de las sílabas y las palabras, la puntuación justa, es decir, en cuanto a la articulación del período en sus miembros respectivos así como el respeto más absoluto al esquema métrico de la composición poética, así también debe establecerse una base firme de comprensión fonética y lingüística para realizar una aceptable y honesta interpretación.

Indudablemente que no debe llegar a la forma recitativa, pues es indispensable que en la melodía vocal exista todo ese sentimiento de que todo es capáz la formación melódica con caracteres estrictamente musicales. Hay una diferencia notable entre la música voca de la Opera Italiana, de la Opera Wagneriana y la música del mismo estilo en Claudio Debussy. En la opera italiana, perfectamente melódica la Orquesta ocupa, en la mayoría de los casos un lugar secundario, debiéndose dar una preferencia especialísima a la dicción del cantante. En la opera wagneriana, la voz es un nuevo instrumento que integra la masa orquestal y esto da lugar a la realización del ideal de Wagner para la armonía justa y perfecta de todas las bellas artes. Las reglas fonéticas en este caso deben ajustarse a la importancia que tiene la voz en el conjunto de la orquesta y a la realización de nuevos principios, pues la voz tiene una función absolutamente distinta, ya que en muchos casos su desenvolvimiento debe tener el mismo aspecto que cualquiera de los Instrumentos de la Orquesta. En el caso de la opera de Debussy, la voz se presenta en una forma intermedia entre el canto y la declamación, es un recitativo de tan alta belleza que dá lugar a las más exquisitas expresiones del arte impresionista. Peleas et Melisan de constituye un modelo absolutamente nuevo de esta clase de interpretación en el campo de la música vocal.

Labor esta, para los Profesores de Idiomas y de canto que no debe pasarse por alto y que señala una mejor realización de la obra.-

Los mejores actores de música vocal han tomado siempre encuenta que la desinencia de la palabra y la terminación de motivos no- tenga una contradicción. En muchos casos si la desinencia de la palabra no recae en un inciso de puntuación puede transformarse, incluso su prorrogación sobre un motivo de compás siguiente en un detalle melódico de gran belleza como lo hace notar Riemann acerca de algunas composiciones de Schuman y de Schubert.

El metro y la rima de la forma poética debe tener una justa realización en el desarrollo musical y este problema vése admirablemente realizado atravès de las mejores obras de los clásicos y los románticos.

Los Idiomas tienen una función principalísima en el Conservatorio y es de desearse que la enseñanza esté más cercana de las exigencias de la educación musical.-

LA DIALECTICA Y EL PROBLEMA DE LA ENSEÑANZA DE LENGUAS EXTRANJERAS.

POR EL DR.
ADALBERTO GARCÍA DE MENDOZA

Conferencia pronunciada en el Palacio de Bellas Artes el día 16 de abril de 1938, ante la Academia de Profesores de Idiomas extranjeros, como primera disertación de la serie dedicada a la pedagogía y metodología de las cátedras impartidas en el Conservatorio Nacional de Música.

LA DIALECTICA Y EL PROBLEMA DE LA ENSEÑANZA DE LENGUAS EXTRANJERAS.

Por el Dr. Adalberto García de Mendoza.

CARACTERES DE LA DIALECTICA.

EL PROBLEMA DEL SER Y DEL DEVENIR.

Uno de los problemas fundamentales de la filosofía moderna se refiere a la dualidad del ser y del devenir. Algunos autores afirman el ser negando el devenir; otros por el contrario sostienen este negando el primero. Por fin, los últimos, tratan de conciliar ambos términos, estableciendo tesis intermediarias.

El problema es antiguo, lo encontramos claramente especificado ya en la filosofía tradicional china del tiempo de Lau-seu o del Vedanta, y en la filosofía occidental de la época de Parménides y Heráclito. Es entonces cuando las tesis externas adquieren su mayor vigor. Así, para Parménides el ser lo es todo, con las - características de inmovilidad, eternidad y unidad y para Heráclito el devenir abarca todas las manifestaciones de la naturaleza, siendo hartamente conocidas sus metáforas.

Las tesis intermedias desde aquel entonces también aparecen, señalándose a través de las doctrinas de Platón, Aristóteles y Plotino. Esta tendencia, se prolonga en toda la Edad Media, y la Patrítica, lo mismo que la Escolástica, establecen, de manera especial, esta conciliación.

No es el tiempo oportuno para ir señalando, paso a paso, los caracteres de dichas conciliaciones, solo diremos que en la Edad Moderna y, a traves de grandes sistemas filosóficos, como los de Descartes, Leibniz, Spinoza, Malebranche, Kant y tantos otros, el problema adquie mayor precisión. Pero es a través del Idealismo Alemán, cuando determina un sistema conciliatorio, claro y verdaderamente gen. ???. Ya Fichte, enuncia la existencia de los contrarios en el Yo, ya Schelling establece el sistema de identidad, y sobre todo Hegel dá los pasos más firmes al precisar los caracteres de un devenir dialéctico.

Tesis, Antítesis y Síntesis.

La Dialéctica establece un continuo cambio en que siempre aparece la tesis, la antítesis y la síntesis. Esta ultima, apenas transcurrido un lapso de tiempo, se convierte en tesis a la que vuelvesele a oponer la antítesis para señalar una nueva síntesis. El devenir dialéctico se establece a base del choque de los contrarios, de la identificación, en último término, del ser y del no ser. Destrúyense por lo tanto, el principio de identidad y el de contradicción, pedestales de la filosofía tradicional y especialmente de la lógica aristotélica.

Las características de este proceso han sido señaladas con toda precisión por Hegel, afirmando un paso siempre brusco y revolucionario de la contraposición a la síntesis, la doble negatividad de los elementos contrapuestos, la transformación de cantidad en cualidad, la acción recíproca y toda una serle de características especificas de un desarrollo dialéctico.

Proceso evolutivo y proceso dialéctico.

Se puede estublecer, al estudiar la dialéctica, una primera diferencia entre evolución y proceso dialéctico. En el caso primero, se va gradualmente, en línea recta, sin pasos bruscos, tal como lo enunciara algún gran naturalista al establecer que el universo no procede por saltos; en la evolución se establece que todo efecto tiene su causa y ésta serie es infinita. En cambio la Dialéctica afirma la existencia de movimientos bruscos en la realización de la síntesis, así como la acción, tanto de la causa sobre el efecto, como el efecto sobre la causa, es dicir la acción recíproca.

<u>Afirmación dialéctica en el campo materialista.</u>

Carlos Marx y Federico Engels, aprovecharon esta doctrina. Nada más que en lugar de aplicarla a la Idea, a la razón dialectizándose, la afirmaron en el campo de la materia, es decir de los fenómenos reales y fundamentalmente de los acontecimientos históricos. Esta es la base del Materialismo Dialéctico, en que el término materialismo no debe tomarse en su acepción metafísica, sino en su interpretación de un devenir afirmado en los elementos primarios de la existencia como son: el biológico y el económico.

<u>El método dialéctico en todo el saber y el vivir.</u>

Todas las ciencias, las artes y la filosofía pueden ser estudiadas con el método de la dialéctica, señalándose en ellas un proceso constante de transformación en este mismo sentido.

Ya se ha hecho el intento satisfactorio de estudiar dialécticamente todos los ramos de la ciencia. Desde la matemática hasta la sociología, pasando por el psicoanálisis y aún la teoría de la Relatividad.

El arte también debe intentarse en este mismo terreno y a base de contradicciones, de acciones recíprocas con las infraestructuras, etc.; debe señalársele un terreno nuevo de interpretación.

<u>El método en la lingüística.</u>

Pero es fundamentalmente aplicable el método al objetivo de esta conferencia, es decir al campo de la lingüística y de la pegogía referida a las lenguas.

No cabe duda que toda pedagogía supone un conocimiento claro y terminante de la epistemología propia del objeto que se trata de trasmitir. Pero aún más, debe establecer las características del desenvolvimiento de este mismo objetivo. Es decir, para ser más claro, se requiere estudiar los problemas epistemológicos propios del campo del saber que se va a trasmitir, pero a la vez, el pleno conocimiento del desenvolvimiento de lo que se va a trasmitir, con todas sus características dialécticas.

Solo conociendo debidamente el proceso que ha culminado en la última síntesis en que se presenta un lenguaje, puédesele enseñar correctamente; solo mediante la comprensión de este devenir sujeto a la dialéctica; puédese trasmitirse el contenido sustancial y definitivo de un idioma.

Para comprender las transformaciones fonéticas, las mofológicas, las sintáticas, etc., y poderlas enseñar debidamente, es indispensable darse cuenta cabal y justa del desarrollo que ha tenido el sonido expresivo de los lenguajes a través de la historia, de las transformaciones morfológicas en el transcurso de las culturas, de las modificaciones sustanciales sintácticas de los idiomas en el proceso del pensamiento ajustado a las condiciones étnicas y económicas de los pueblos.

DESARROLLO DIALECTICO DEL LENGUAJE.

Todo hecho histórico y sociológico obedece a un desarrollo firmemente dialéctico. El lenguaje como un producto de la sociedad ofrece ese mismo carácter y es necesario que renazca una lingüística suficientemente científica que haga ver con toda claridad esta posición.

En donde podríamos estudiar el problema sería, no solo en el desarrollo histórico de las lenguas vivas existentes, sino fundamentalmente en la transición de un idioma a otro, del griego al latín, de éste a sus derivados, por ejemplo.

Sociólogos eminentes han escudriñado la íntima relación que existe entre el desarrollo de las fuerzas productivas de un pueblo o una nación y el desenvolvimiento de todos los fenómenos sociológicos. Cada manifestación sociológica vése respaldada por la transformación de la infraestructura biológica y fundamentalmente económica. Y el lenguaje, expresión interna de uno de los fenómenos más apremiantes de la colectividad, como es la interrelación en los individuos, ofrece caracteres perfectamente dialécticos.

A medida que la civilización y la cultura avanzan, así como hay necesidad de crear nuevas máquinas y utensilios técnicos, métodos de aprovechamiento en la industria, en la agricultura, etc., así también hay la necesidad de crear lenguajes que más se ajusten a esta misma realidad creciente.

No es una casualidad el que los idiomas sánscrito chino o alemán estén suficientemente abastecidos de términología filosófica propia para las más profundas meditaciones, ni que el ingles carezca de esta contribución. Es que estos pueblos en sus estructuras geográficas, en sus problemas biológicos, en sus exigencias económicas han tenido las fuerzas necesarias para desarrollar su pensamiento en determinado sentido y manifestarse en sus "propias" diferenciaciones sociológicas.

Ya Max Scheler ha hecho hincapié en que la filosofía del "a priori," kantiana, obedece a un impulso exclusivamente germánico y más aún prusiano; que existen diferentes "a priori" según las razas y los pueblos. Esto equivale a decir que corresponden a los distintos grupos étnicos, elementos formales de la inteligencia que van variando y modificándose. Significa que la razón no es universal y que la intelección obedece a un ritmo sociológico perfectamente estudiado por una nueva ciencia: la Sociología del Saber que corresponde a otra más amplia; la Sociología de la Cultura.

Y si esto acontece en el campo de la intelección, en aquella región que siempre se ha tomado como lo absoluto, lo universalmente valido, lo radicalmente cierto, la esencia de lo humano; que puede decirse del lenguaje que es una expresion del pensamiento y de la razón, que es el correlato necesario y suficiente del proceso pensar y del contenido pensamiento?. Con clara razón Edmundo Husserl, en su Lógica Pura, también da preferencia al lenguaje, viendo en el el primer peldaño a una interpretación justa y equilibrada no sólo de lo actuado, sino de lo posible dentro del campo de las significaciones.

El lenguaje tiene una íntima relación con la manera de pensar y de sentir. Es llano, sencillo, claro, en aquellos pueblos que por sus exigencias sociológicas piensan clara y sencillamente. No tiene en este caso la complejidad de los pensamientos profundos, la angustia de aquellos problemas que hacen del hombre un ser pletórico de existencialidad. Tal es el tipo que ofrece el idioma inglés que, dedicado a fortalecer las relaciones comerciales fundamentalmente, siendo éstas absolutamente claras y terminantes, y sin duda de ningúna especie, adquiere esa sencillez, pristinidad y brevedad tan características, pero también deja de poseer esa profundidad que se nota en idiomas de otros pueblos. No es así el idioma chino, enormemente profundo, en que cada diagrama corresponde a un pensamiento de significación trascendente. En el pueblo chino existen realmente varios idiomas. Uno dedicado a la doxa, como dijera Platón, es decir a las relaciones vulgares; los otros a la episteme, es decir a los elementos esenciales y absolutamente verdaderos.

Se requiere mucho estudio para llegar a comprender la significación de estos últimos símbolos que señalan horizontes en la inteligencia, característicos de un pueblo sumergido siempre en la meditación, pero también y fundamentalmente en los movimientos angustiosos de sus guerras intestinas y de su defensa frente al invasor de todas y de cada una de las partes de la tierra. Ya Keyserling ha notado el mismo asunto al referirse a la escritura china, la más artística, aún tomando en cuenta la escritura árabe. Ha notado la realidad de pensamientos iminteligibles para nosotros los occidentales y la íntima relación que cada símbolo tiene con el aspecto de la naturaleza del mundo circundante.

Es que también esta influencia ha sido recibida por el pueblo japonés, que muestra semejante tendencia, aún cuando sus procesos filosóficos no sean tan profundos como los establecidos en la China tradicional. La significación primaria de la palabra Tao, en chino es aproximadamente el "Sentido" del Universo, el señalamiento de un camino establecido por la mente y la emoción; no tiene entre nosotros una traducción exacta y por lo tanto una comprensión adecuada. La "invariabilidad del medio" sostenida por Confucio, no fué lo suficientemente honda en la concepción aristotélica. En esta última, el aspecto es elemental, rudimentario y nunca llega a tener esa profundidad que se muestra en los estudios del célebre filósofo del Oriente.

Pero no solamente es lo importante la carencia de términos en un idioma para expresar el pensamiento, sino es que el pensamiento no necesita de esos términos, no requiere su empleo, por su limitación o por el desarrollo distinto absolutamente desviado de objetos y propósitos.

Esto que es muy palpable en lo que respecta a las relaciones entre los idiomas orientales y occidentales y que podría hacerse notar, con mayor firmeza, a través del Sánscrito y aún del Bengalés, del Arabe y del Hebreo, también se muestra en los idiomas antiguos del Occidente, señalando el idioma una barrera de transformación violenta y dialéctica entre el pensamiento griego y el romano, y aún en el tiempo presente entre las expresiones germánicas y la española, por ejemplo.

EL LENGUAJE Y SU SIGNIFICACION DIALECTICA.

Es sorprendente ver las relaciones que el lenguaje presenta con la Lógica, y aún con la Metafísica tradicionales, en los tratadistas escolásticos.

Este intento, ampliamente especulado por filósofos e investigadores del lenguaje como Cejador, Balmes, Mesén, Bello, Brenés, y en la Escolástica por Tomás de Aquino y Suárez; debe ahora señalarse en un nuevo campo de investigación, es decir, en el dialéctico a que hacemos referencia.

Consecuente con una interpretación metafísica tradicional, Robles Dégano ha investigado la filosofía del verbo, señalando su naturaleza y oficio, en sus aspectos de categorías gramaticales; el verbo y el tiempo y el verbo y el juicio; los modos del verbo a través del número y formas real, actual y el potencial; el verbo personal y el modo formal; además los casos del verbo en sus interpretaciones categoriales, de actos verbales y potenciales verbales; casos de modo formal substitución de tiempo; y por último la subordinación del verbo a través de vocablos lógicos, oficio de palabras, oraciones substantivas y oraciones accidentales.

La documentación de este autor es verdaderamente asombrosa, señala los principios metafísicos de Aristóteles, Boecio, Suárez, de Agustín de Hipona, Clemente de Alejandría, Scoto y Juan Damasco; los relativamente modernos de Balmes, Bello, Cejador y Mirr; y se adhiere fundamentalmente al pensamiento de Tomas de Aquino, principal expositor de la Metafísica Escolástica.

Solo diremos, para dar un bosquejo de esta nueva interpretación, que al estudiar las categorías gramaticales se investiga las relaciones entre el modo de concebir y el de ser, aduciendo textos de Tomáe y Escoto; al estudiar el verbo y el tiempo se especula: qué es significar con tiempo, el movimiento concebido como acción según la doctrina escolástica; al señalar la naturaleza y número de los modos del verbo, se trata de encontrar su raíz en la Metafísica, trayendo al tapete de la discusión las teorías de Cejador y Balmes, de Bello y la Academia. El modo real, el actual y el potencial señalan ya un punto de vista relacionado con los modos trascendentales de las cosas y con la aportación de una Ontología tradicional. Al investigar los casos del verbo se hace hincapié en el sinúmero de cuestiones de Metafísica y Lógica, subordinada a esta última a la primera.

<u>Nuestro objetivo.</u>

El intento anterior nos hace ver la posibilidad de relacionar el fenómeno del lenguaje, no ya con la Metafísica tradicional que no tiene razón de ser, sino con la Dialéctica, como una fundamentación clara de un devenir manifiesto de todo lo existente.

No está lejana la doctrina que debe afirmar que la manera de pensar y de expresarse es una manifestación palpable de la manera de actuar de los hombres. Y si los escolásticos del tipo de Robles Dégano fundamentan una doctrina en que las categorías lógicas y los modos de verbo, están en íntima relación con la naturaleza del ser y con todas las variantes ontológicas de los seres posibles y actuales, facilmente puede comprenderse la importancia que tendría el relacionar el problema de la expresión o sea del lenguaje y el devenir dialéctico de todo lo existente y especialmente de la naturaleza humana.

Este nuevo intento debe hacerse para servir de base, ya no sólo a la Metodología propia de la Lingüistica, sino a la Pedagogía de los idiomas. La enseñanza de las lenguas debe tener como fundamento los antecedentes lingüísticos con todas sus ramas y el degerrollo dialéctico del propio idioma. Con el objeto, no sólo de que una explicación satisfactoria a las transformaciones fonética morfológicas, sintácticas, etc., de cada idioma; sino también para señalar un derrotero más de acuerdo con esa manera del devenir social, que estructura esa otra manera del devenir expresivo del lenguaje.

Así como las ciencias se expresan y deben estudiarse dialécticamente, señalando cada uno de sus aspectos de verdad a través de una manera de pensar ajustada a la lucha de clases y al establecimiento de una economía determinada; así como también se estudia la Estética, el Derecho, etc., en una palabra, los valores, como manifestaciones claras del desarrollo dialéctico de la cultura, establecida sobre la base de una manifestación económica, dialécticamente desenvuelta; así también la enseñanza del lenguaje debe establecerse sobre esos fundamentos del método que transforma radicalmente la pedagogía tradicional.

Lingüística y técnica

Ha sido últimamente objeto la Lingüistica de un estudio detenido por parte de organismos especializados de la U.R.S.S. Cohen, profesor de la Escuela de Lenguas Orientales en Francia, ha señalado los caracteres distintivos de esta nueva tendencia.

<u>El problema de la Lingüística.</u>

La lingüistica, íntimamente relacionada con la Pedagogía del lenguaje, ha sido llevada al campo de explicación dialéctica. Su estudio no es nada sencillo, pues sus conexiones son numerosas con otras ciencias y poco se ha elaborado en su propio terreno. Fue hasta 1928 cuando se logró realizar el Primer Congreso Internacional de Lingüistas, pero aún en aquella época no se señalo con claridad el método con que debería de ser escudriñado el fenómeno. La historia de la Lingüistica como verdadera ciencia comienza propiamente en el siglo XIX.

Es cierto que en el siglo anterior se había abordado el mismo asunto señalándose, al lado de las lenguas semíticas, hebreo y árabe, más antiguamente conocidas en el cuadro mediterráneo; las lenguas antiguas indo-europeas del Oriente; el sánscrito, el zend y otros. Dos grandes familias indo-europeas, relacionadas, íntimamente con el griego, el latín, el eslavo antiguo, el gótico y otras varias. Se pretendió entonces no sólo estudiar estas fuentes, sino también explorar los idiomas de la America, del Africa y de la Oceanía.

Pero en los siglos antes mencionados, únicamente se hizo recolección de datos, tal como sucediera en el estudio de la Jurisprudencia Comparada, desenvuelta fundamentalmente por Khler. Se tuvieron datos en abundancia, pero la interpretación no fué posible, ya que no se poseía un método propio y adecuado. Nace la

Gramática Comparada que erróneamente se le confunde con la Lingüística. Sin embargo viene a fortalecer este primer intento una ciencia indispensable, la Fonética; el análisis metódico de los sonidos del lenguaje que tiene íntima relación con la Fisiología, la Física y en especial la Acústica. Esta ciencia sirve de base actualmente a una de las ramas técnicas más interesantes: el grabado del sonido a través de los discos fonográficos, los rayos X y el cinema; y aún es aprovechada para explicar muchos de los fenómenos de la Psicología.

Ahora con una documentación amplísima en todos los campos de idiomas antiguos y modernos, un estudio comparativo en cuanto a la estructura gramatical del idioma, una ciencia fonética desarrollada en laboratorios; nace la Lingüística General que se ha preocupado del estudio de las condiciones de la evolución de las lenguas, de ese proceso constante que se señala con las características de una dialéctica en que existen revoluciones o transformaciones bruscas, fijaciones momentáneas que no son más que síntesis de contradictorios. El fenómeno fonético, el morfológico, el sintáctico, ninguno de ellos queda aislado, tienen todos una íntima conexión y aparecen en la Lingüística General en íntima relación con la mentalidad del pueblo, y esta mentalidad dependiente de las exigencias de los fenómenos económicos.

La Lingüística es una ciencia social que tiene una nueva interpretación si aplicamos el método dialéctico. El problema fundamental el de buscar, cómo el lenguaje es el producto de un medio social determinado; satisface las necesidades biológicas y aún más, económicas de un pueblo y de una época. La Etnología es en este caso de enorme importancia pero lo es más aún, el conocimiento del proceso económico que explica suficientemente la relaciones culturales de cada población.

El problema de la Pedagogía.

Bien se vé que para establecer una pedagogía suficientemente fundamentada, es indispensable abordar con toda seriedad un estudio de lingüística e ir interpretando su desenvolvimiento conforme al todo a que hemos hecho mención.

El estudiar Savageot, profesor también de la Escuela, de Lenguas Orientales de Francia, las relaciones entre la Lingüística y en Marxismo, nos da interesantes conquistas sobre el particular. Afirma la investigación sistemática de Marr (al estudiar determinadas lenguas del Cáucaso), establece el método a base de materialismo dialéctico, contrariando la Gramática comparada clásica. El nuevo metodo es llamado por este investigador Paleontología Lingüística. Para él la creación del lenguaje hablado responde a la necesidad de la lucha de clases. Se afirma el idioma de la clase previlegiada que, apoyándose en esta arma, sabe dominar a las demás clases. Siguiendo esta escuela Poppe a iniciado la formación de la Gramática del idioma mongol y una verdadera pléyade de marxistas ha pretendido realizar, en el campo de la Lingüística, las dos afirmaciones fundamentales: la dialéctica y su aplicación sociológica como lucha de clases.

EL METODO DIALECTICO COMO BASE DE LA PEDAGOGIA DE LOS IDIOMAS.

Para concretar nuestro punto de vista señalamos algunos caracteres de la Pedagogía Dialéctica aplicada a los idiomas tal como la hemos concebido.

En primer término debe establecerse una relación íntima entre las expresiones enseñadas y la realidad circundante, especialmente afirmadas en el proceso dialéctico de las fuerzas productoras de la sociedad.

Coordinar suficientemente el pensamiento y su expresión en el lenguaje con las exigencias del instante, pero no sólo en lo que respecta a los asuntos de cultura, sino en lo que tiene que ver con la manera característica de nuestro tiempo, es decir, sobre la base de una infraestructura fuertemente afianzada en cada momento de la historia de un pueblo determinado o de la humanidad en su totalidad.

Así también, debe señalarse la enseñanza del lenguaje, afirmando la posición lingüística y auxiliándose de esta última investigación, para desenvolver correctamente el proceso educativo.

Afirmar la contradicción de la tesis y la antítesis, es decir de los contradictorios en todos los elementos del lenguaje ya sean en el campo morfológico, ya de relación pensante, sintáctica o fonética para hacer palpable, la síntesis de cada realización cultural. Contrarios como el carácter nominal y el verbal, el abstracto y el concreto, las frases y las palabras etc., de cada idioma; hacen ver que la frase totalitaria o expresiva de un pensamiento cabal y completo, es una síntesis perfecta, una negación de negación según los criterios dialécticos.

Estimar que las palabras no se han formado uniendo sílabas, sino desmenbrando frases, y además sobre la base de síntesis de contrarios en que la expresión ha tenido una realización pareja a la establecida en el mundo de las realidades.

Hacer una referencia de correlación entre la causa y el efecto, en acción recíproca del lenguaje con la moral, la política, la ciencia, la estética, etc., para establecer las fuentes de un proceso de coordinación en uno de los aspectos dialécticos.

Señalar un lenguaje adecuado a la intelección de nuestro momento y a las exigencias técnicas del proceso de las fuerzas vivas del país.

Y compendiando todo este problema, adentrar al alumno en el campo de la realidad social, no con frases de los clásicos que sirvieron para épocas de pensar y sentir distinto al nuestro, nó con memorización amplísima de sustantivos, adjetivos, verbos, etc., para que más tarde el alumno los reuna trabajosamente, ya que este método contradice el proceso natural del aprendizaje del idioma, sino con las frases de la colectividad que trata de afirmarse en el poder, tal como acontece con la proletaria, empleando sus propios pensamientos y la manera de realizar sus fines en una praxis integral.

Así también es aconsejable quitar el carácter académico en la pedagogía de los idiomas, señalando la practica inmediata con todas aquellas frases y expresiones al contacto tanto de las fuerzas vivas de la producción de un país, de los pensamientos, de la política actual, de la técnica y elaboración científica, como la cultura en todos sus aspectos y finalidades.

Y todo, guiado, por un pensamiento dialéctico en que se noten con claridad los términos de este método, las contradicciones, las síntesis, los saltos bruscos, la acción recíproca, la negación de la negación y el sentido, de un lenguaje ajustado a una lucha de clases como una firmación suprema del devenir dialéctico de la historia para afirmar la posición económica de las masas laborantes, finalidad suprema del momento que vivimos.

SALUD.

INDICE.

Caracteres de la Dialéctica.

a).- El problema del ser y del debehir
b).- Tesis, Antítesis y Síntesis
c).- Procesos Evolutivo y procesos dialéctico
d).- Afirmación dialéctica en el campo materialista.
e).- El método dialéctico en todo el saber y el vivir
f).- El método de la Lingüística.

Desarrollo dialéctico del lenguaje.

El Lenguaje y su significación dialéctica.

Nuestro objetivo.

Lingüística y técnica.

a).- El problema de la Lingüística.
b).- El problema de la Pedagogía.

El método diáléctico como base de la Pedagogía de los idiomas.

PROGRAMAS DE IDIOMAS.

Palabras Previas.

Al intensificar el estudio y conocimiento de los idiomas europeos, la Dirección de este Conservatorio ha tenido como mira una capacitación mayor por parte del alumnado, a efecto de complementar su cultura en términos más amplios -al músico en general y al cantante en particular-, que no solo le permita leer y traducir textos extranjeros, sino que le brinda posibilidad de expresarse correcta y fluidamente, por medio de la palabra hablada y escrita en tales idiomas, para lo cual ha estimado pertinente se dé al estudio fonético la mayor amplitud. Se pretende, además, por medio de estos cursos, que el profesorado especialista consagre la mayor atención a la pronunciación exacta, para lo cual habrá de darse preferencia a la razón fonética, educando al alumno en la particular emisión de la voz, por medio de ejercicios silábicos, énfasis e inflexiones características, hasta llegar a la pronunciación correcta de los vocablos, así como de la dinámica y agógica de las palabras, llevando al mismo alumnado en progresión ascendente por el conocimiento de la sintaxis y la ortografía, hasta la clásica construcción.

Ensaminados los alumnos por tal sendero, se impondrá la necesidad de llegar al conocimiento de los grandes clásicos en cada uno de tales idiomas y, como complemento de tan brillante labor habrá de recurrirse, para el debido adiestramiento del oído, al uso de discotecas que con tal fin existen, consagradas a la fonética y lingüística especiales, tal y como las hay en los principales centros culturales del viejo mundo.

Estos cursos deberán tener su corolario en la celebración de reuniones especialmente consagradas a las honorables colonias extranjeras radicadas en la capital, reuniones a las que deberán ser invitadas las representaciones diplomática y consular de cada colonia para que las presidan y en los que se cantará, se recitará y se hablará en el idioma particular de los componentes de la H. Colonia objeto de la reunión.-

Además, y con un fín de ensanchamiento de relaciones culturales, el alumnado establecerá un intercambio de correspondencia con estudiantes de otros países, usando el idioma particular de la nación de orígen de tales estudiantes, lo cual estimulará la iniciativa de nuestro alumnado, contribuyendo a su perfeccionamiento en el idioma de que se trate, así como al conocimiento de las características de otros Conservatorios y centros de cultura musical.

Para terminar, conviene dejar sentado que para el logro de finalidades tan amplias, la propia Dirección del Plantel estimó necesario ampliar el estudio de los idiomas, de dos años que anteriormente tenían, a tres años que actualmente se les hadado, reforma que mereció aprobación general por parte del profesorado especialista en la materia y a la que dió todo su respaldo el H. Consejo de Profesores y Alumnos de este Conservatorio Nacional de Música.

Dr. Adalberto García de Mendoza.

PROGRAMA

DE LA

CLASE DE LENGUA NACIONAL.

ooooooooo

PROGRAMA DE LENGUA CASTELLANA.

FINALIDADES.-

Formulado por los preferences Clotilde Evelia Quirante
y Miano del Bosque.

Al terminar la asignatura, el alumno deberá saber: -

1°.- Ha,blar fluidamente y con relativa corrección gramatical, de asuntos que no sobrepasen su nivel intelectual.

2°.- Redactar con claridad y precisión:

    a) - cartas, documentos oficiales, y comerciales, informes, comunicaciones y actas.

    b) - Comentarios breves de asuntos leídos, de acontecimientos del día, descripciones, fábulas, cuantos y pequeñas biografías.

3°.- Usar los signos de puntuación.

4°.- Este programa tratará de concordar con el contenido del artículo tercero constitucional, adaptándose a las necesidades del Conservatorio Nacional.

MEDIOS DE ENSEÑANZA.

1°.-Para hablar fluidamente es indispensable poseer vocabulario amplio y correcto, el cual se adquiere por medio de:

1.- <u>Comentarios acerca de barbarismos y solecismos</u> más usados en México, indicando su corrección.

2.- <u>Ejercicios de lectura comentada</u>, explicando las palabras de significación dudosa o desconocida para el alumno, de modismos y demás particularidades habidas en el capítulo leído. (Se tratará por medio de dichas lecturas de educar el gusto y de reformar el criterio del alumnado).

3.- <u>Parafrasis.</u>

4.- <u>Ejercicios de Morfología</u> (formación de familias de palabras y estudio de los metaplasmos más comunes).

5.- Ejercicios lexicológicos relacionados con la sinonimia, homonimia, la antonimia y la homofonimia.

Para hablar fluidamente, además de la posesión de vocabulario amplio y correcto, es indispensable estudios de construcción, por medio de:

6.- Estudio de las construcciones pleonásticas y de las redundantes.

7.- Estudio de la elipsis, enseñando cuando no solo es lícita sino indispensable.

8.- Estudio del hipérbaton y de la silepsis.-

El estudio de los números 6, 7 y 8, se hará a través de lecturas comentadas de autores escogidos de entre los escritores mexicanos.

2°.-Para redactar bien, es indispensable usar correctamente los signos de puntuación y ello se consigue por los medios siguientes:

1.- Distinguiendo las proposiciones principales de las secundarias, las concordancias de las dependencias y las subordinadas de las incidentales.

2.- Conociendo los elementos que forman las proposiciones y las oraciones (estudio del sujeto y del atributo; del verbo, de los complementos y de los términos) y la manera de coordinarlos (concordancia y régimen).

3.- Conociendo el sujeto (cuyo estudio implica el del nombre, el del pronombre, el del artículo y el del adjetivo).

4.- Conociendo el verbo (cuyo estudio implica el de sus accidentes, sus modos y sus tiempos así como el de su clasificación: verbos principales y verbos auxiliares, regulares, irregulares, transitivos, intransitivos, impersonales, unipersonales, y defectivos)

5.- Entendiendo el papel de los adverbios y de las locuciones adverbiales, ya que ellas constituyen una de las más bellas características de nuestra lengua.

6.- Coordinando, separando, subordinando e intercalando las proposiciones. (Para ésto, como para el estudio de los complementos y de los términos complementarios y terminales, será preciso entender las funciones que desempeñan las preposiciones así como las conjunciones y cual es el significado de las preposiciones así como de las conjunciones más en uso.-)

3°.-Para lograr buena ortografía se necesita:

1.- Poseer reglas fijas para el uso de determinadas letras.
2.- Estudiar las voces cuya escritura no está sujeta a reglas.

REALIZACIÓN DEL PROGRAMA.

La Asignatura se impartirá en dos cursos de un año cada uno, con clases terciadas (tres por semana).

En ambos cursos los ejercicios consistirán en:

1.- Ejercicios de lectura.
2.- Ejercicios de conversación.
3.- Ejercicios de formación de familias de palabras, lexicográficos y ortográficos. (Estos ejercicios serán extracátedra)
4.- Comentarios acerca de solecismos y barbarismos. (Trabajos extracátedra)
5.- Parafrasis (Trabajos extracátedra)

PRIMER CURSO.

PROSODIA.

1.- La palabra y sus elementos.
2.- Clasificación de las letras.
3.- Abecedario o alfabeto.
   Bibliografía: "Manuel de Gramática Histórica Española" de Menéndez Pidal.- "Manuel de la Pronunciación Española" de Navarro Tomás.

4.- Las sílabas; su clasificación.

5.- Las palabras; su clasificación de acuerdo con el numero de sus sílabas.

6.- El acento y sus variedades (ortográfico, prosódico, diacrítico).- Sílabas tónicas y sílabas átonas.

7.- Diptongos y triptongos.

8.- Diéresis y sinalefa.

Bibliografía: "Ortología Clásica de la Lengua Castellana" de Felipe Robles Dégano.

ANALOGIA. -

1.- Partes de la oración.

2.- Partes variables y partes invariables.

3.- Voces primitivas y voces derivadas.

4.- Palabras simples y palabras compuestas.

Bibliografía. "Gramática de la Lengua Castellana" por Vicente Salva.- "Gramática Castellana" por Rafael Angel de la Peña.- "La Fuente del Idioma Español" por Manuel J. Rodríguez.

5.- El sustantivo. Su naturaleza y su importancia.

6.- El sustantivo, su clasificación, su división y su subdivisión. -

7.- Accidentes del sustantivo: su género y número y su división reglas para la formación del plural.

8.- El adjetivo: su naturaleza y su oficio.

9.- El adjetivo: su división; sus accidentes.

10.- El artículo: su naturaleza y su oficio. Su declinación.

11.- El pronombre: su oficio y naturaleza y su división

12.- Verbo: sus accidentes: modos, tiempos, números y personas.

(Conjugar preferentemente verbos regulares terminados en iar, uar, eer, ear, que, sin serlo, parezcan irregulares)

13.- Verbos sustantivos y atributivos.

14.- Voces verbales: infinitivo, gerundio y participio.

15.- División de los verbos según su conjugación (activos, pavos, reflejos, impersonales, unipersonales, regulares e irregulares)

16.- Verbos ser, estar y haber.

17.- Verbos principales y verbos auxiliares, defectivos, simples, compuestos, primitivos y derivados.-

18.- El adverbio: su naturaleza y su oficio

19.- El adverbio y sus diferentes clases.

20.- Adverbios que admiten formas diminutivas y superlativas. Modos adverbiales.

21.- La preposición: su naturaleza, su oficio: preposiciones separables e inseparables. Locuciones prepositivas.

22.- La Conjugación. Su naturaleza, su oficio y sus diferentes especies. Diferencia entre el oficio de la preposición y de la Conjunción.

23.- La interjección: su naturaleza y oficio. Su significación.

24.- Voces que hacen el oficio de interjección.

25.- Locuciones conjuntivas y locucaciones interjectivas.

Bibliografía. "Gramática Castellana" de A. Bello y R. J. Cuervo. ""Introducción a las obras filológica" de Andrés Bello"" por Marco Fidel Suárez.

SIXTASIS. -

1.- Idea y juicio.

2.- La preposición y sus partes (sujeto y atributo)

3.- La oración y sus componentes (sujeto, verbo y complemento)

Bibliografía. -Gramática Histrico Crítica de la Lengua Española" por Salvador Padilla.- "Tratado de Análisis Gramatical y Lógico" de Simón de Aguilar.

ORTOGRAFIA. -

1.- Uso de las letras mayúsculas.

2.- División de palabras simples en sílabas.

3.- B, antes de consonante.

4.- B, en los sonidos iniciales bu, bur, bus, bibi y bio. (este último significando vida).

5.- B, en las desinencias bundo, -a, bilidad, (exceptuando movilidad.

6.- B, en las flexiones de copretérito del verbo ir.

7.- B, en las flexiones de copretérito de los verbos de la la. conjunción.

8.- B, en los verbos beber, caber, deber, haber, y saber.

9.- B, en los verbos terminados en bir, excepto hervir, servir y vivir.

10.-V, en las sílabas iniciales, adv, calv y salv

11.-G, en los sonidos ga, go, gu.

12.-U, despúes de g, cuando ésta tiene sonido suave delante de e, i,-

13.-J, en los sonidos ja, jo ju.

14.-G, en el prefijo geo

15.-H, en las palabras que empiezan con el diptongo hue,

16.-H, en los verbos hacer, haber, hallar y hablar.

17.- Ll. en la palabra allí, allá, ella, ello, hallar.

18.-R, sencilla al principio de palabra y después de consonante.

19.-R, doble entre vocales, para producir sonido fuerte.

20.-S, en todos los plurales.

21.-S, en la flexión ísimo del superlativo.

22.-S, en la flexión (2a. forma) del pretérito de subjuntivo.

23.-Acento escrito en todas las palabras esrrújulas; en las agudas terminadas en vocal y en n y en s y en las graves que terminan en consonantes, excepto en las anteriormente mencionadas.

24.-Acento escrito en los vocablos compuestos con palabras simples acentuadas ortográficamente.

25.-Acento escrito para impedir la formación de diptongos.

26.-Acento escrito sobre, vocablos débiles para destruir los diptongos.

27.-Acento escrito en las palabras cuya última sílaba contenga un diptongo formado con dos vocales fuertes.

28.-Acento diacrítico en las voces que lo necesitan.

NOTA IMPORTANTE. -Todo alumno deberá llenar estrictamente el mínimo ortográfico señalado, no pudiendo obtener calificación de pase, el que no lo hiciere.

SEGUNDO CURSO.

ANALOGIA. -

1.- Verbos irregulares (La verdadera irregularidad es fonética y no gráfica. -Indicar los casos en que un cambio gráfico de los elementos componentes del verbo no constituye irregularidad)
2.- Los seis grupos de irregularidad verbal, guturización, dipsongación, trueque vocálico, aufonización, pretérito llano y futuro irregular.
3.- Forma en que invariablemente se efectúan cada uno de esos cambios.
4.- Clasificación de los verbos irregulares. (No se tratará de impartir un conocimiento mnemotécnico, sino que a que aprenda el alumno a incluir, por razonamiento, en alguna de las trece clases).-
5.- Verbos sueltos.
BIBLIOGRAFIA. "Gramática Histórico Crítica de la Lengua Española" por Salvador Padilla.

MORFOLOGIA. -

1.- Importancia de lo Morfología.
2.- Elementos morfológicos de los vocablos españoles: raíz, tema radial y letras formativas"
3.- Afijos, subfijos y prefijos; sus divisiones.
4.- Terminaciones, desinencias, flexiones, letras eufónicas.
5.- Voces primitivas y sus derivadas; simples, compuestas y yuxtapuestas. (Trabajos extracátedra para el alumno: abundantes ejercicios que le fijen el conocimiento de los elementos morfológicos de los vocablos.- Formación de aumentativos, diminutivos y despectivos.-Apellidos.
BIBLIOGRAFIA: -"Gramática Castellana" de Carlos González Peña.- "La Fuente del Idioma Español" por Manuel J. Rodríguez.

SINTAXIS.

1.- Elementos constitutivos de la frase, la proposición, la oración, la cláusula y el período. (Trabajos extracátedra: que el alumno realice abundantes ejercicios encaminados a darle con precisión el concepto de las anteriores agrupaciones de palabras).
BIBLIOGRAFIA.-"Gramática Histórico Crítica de la Lengua Castellana" por Salvador Padilla.
2.- El atributo y el predicado.
BIBLIOGRAFIA: "Gramática Castellana" por Bello y Cuervo. ""Gramática Histórico-Crítica de la Lengua Española"" por Salvador Padilla.
3.- Voces que desempeñan el oficio de sujeto; sus diferentes especies.
4.- Oraciones regulares, e irregulares, transitivas e intransitivas oraciones con los versos _ser_ y _estar_; oraciones depasivas; su construcción.
BIBLIOGRAFIA.-"Los casos y las oraciones" de Eduardo Benot.
5.- Oraciones impersonales; fracciones principales y secundarias; simples y compuestas, coordinadas, subordinadas e incidentales.
BIBLIOGRAFIA.-"Gramática Histórico-Crítica de la Lengua Española" por Salvador Padilla.
6.- Concordancias.
7.- El régimen, su concepto.

8.- El gerundio, su uso correcto.

9.- Los complementarios me, te, se, nos, los, le, la, etc. y su uso correcto.

10.- Los terminales mi, ti, si y su uso correcto.

11.- Figuras de construcción.- El hiperbaton; la inversión y sus límites; la elipsis.

12.- El pleonasmo. Construcciones redundantes.

13.- Solecismos.

BIBLIOGRAFIA.-"Jardín de las Raíces Latinas" de Lasousse. "Apuntaciones críticas sobre el Lenguaje Bogotano" por Rufino J. Cuervo.- "Tesoro del Idioma Castellano" por Benito Fentanes.

ORTOGRAFIA.-

1.- División por sílabas de las palabras compuestas.

2.- Y, en el presente de indicativo y tiempos derivados de los verbos terminados en uír, excluyendo inmiscuír.

3.- Y (proviniente de i átona entre vocales) en las terceras personas del pretérito de indicativo y derivados del verbo cuyo infinitivo termine en uir, eer.

4.- Z, ante de letra gutural en el presente de indicativo y tiempos derivados de éste, de verbos cuyo infinitivo termine en acer, ecer, ucir, y ducir.

5.- Z, en las desinencias ez de los patronímicos.

6.- J, en el pretérito de indicativo y tiempos derivados de los verbos decir, traer, de sus respectivos compuestos y de todos los terminados en ducir.

7.- Derivados que conservan las grafías del primitivo.

8.- Derivados que cambian algunas o alguna de sus grafías para conservar el sonido de la palabra primitiva.

NOTA: - Los alumnos que no llenen estrictamente el mínimun ortográfico señalado, no obtendrán calificación de pase.

DISTRIBUCION DE TIEMPO.

Aun cuando la naturaleza de la signatura no se presta para fijar con precisión el tiempo que deba dedicarse a la enseñanza de cada uno de los temas expuestos en este programa, se indica, a continuación, en forma global, la distribución de clases.

PARA EL PRIMER CURSO.

Primer mes.	Qué es una oración, Cuáles son, en términos generales, los elementos que la forman.
Segundo mes.	Tonicidad. Formación de diptongos.
Tercer mes.	Acentuación. División silábica de vocablos
Cuarto mes.	Los derivados, en tésis general, conservan la ortografía de sus primitivos.
Quinto mes.	El valor de una palabra depende del lugar que ocupe respecto de las otras.
Sexto mes.	Conjugación de verbos regulares.
Séptimo mes.	Los adjetivos aumentan la compresión y disminuyen la extensión de substantivo; los adverbios modifican al verbo y al adjetivo y, en ocasiones, se modifican así mismos.
Octavo mes.	Preposiciones, conjunciones e interjecciones: su función gramatical.
Noveno mes.	Idea y juicio. La preposición y sus partes. La oración.

PARA EL SEGUNDO CURSO. -

Primer mes.-   Oraciones y proposiciones; proposiciones principales y secundarias. El sujeto, el predicado, los complementos y complementarios y los términos en general.

Segundo mes.   Irregularidad aparente e irregularidad efectiva de los verbos. Familiares de verbos irregularidades. Formas en que se efectúa la irregularidad.

Tercer mes.-   Clasificación de los verbos irregulares; exposición de la teoría relativa (la práctica se hará en el transcurso del año). Morfología.

Cuarto mes.   Enclíticos y proclíticos.

Quinto mes.   Proposición, oración, cláusula.

Sexto mes.   Concepto de régimen.

Séptimo mes.   La concordancia.

Octavo mes.   Construcciones del gerundio y de los complementarios y terminales, complementos y términos.

Noveno mes.-   Conjugación de verbos irregulares. Sintáxis regular y figurada: Silepsis. ?Que ventajas se obtuvieron con el estudio de la Lengua Castellana?

TRABAJOS DE COMPOSICION.

Además de los trabajos extracátedra, el alumno hará trimestralmente un trabajo de investigación en forma de monografía.

PRIMER AÑO.

Primer Trimestre.-   Descripción de algún monumento, estatua o edificio de la ciudad de México.

Segundo Trimestre.-   ?Por qué se escribe México con x, si ésta tiene en el vocabulario señalado el sonido j?

Tercer Trimestre.-   Escriba diez nombres propios derivados en náhuatl y fije la etimología de tales vocablos, trayendo el caso -si los conoce- algunos datos históricos.

SEGUNDO AÑO.

Primer trimestre.-   En un capítulo escogido por el maestro, señale las abcuciones adverbiales indicando a que adverbios substituyen y qué gana en viveza y colorido el dicho párrafo con el uso de tales locuciones.

Segundo trimestre.-   Lea el párrafo que se le indica y exprese por escrito sus impresiones, anotando las palabras nuevas que haya encontrado, de las cuales expresará su significado.

Tercer trimestre.-   Haga el análisis gramatical y lógico del párrafo que se le indique, expresando el juicio crítico que tal párrafo le merezca.

México, D.F. enero de 1939. -

Profesores Clatil de E. Quirante
Mario del Bosque
Martín Paz
Felisa Corona Fuentes.

PROGRAMA

DE LA

CLASE DE FRANCES

PROGRAMA para el Curso de FRANCES.

Formulato

Profesores: Juvencio López Vazquez
A. Bauchout
María Teresa Chemin

Esposición de Motivos.

En este Programa hemos considerado el uso del Idiona; el valor, importancia y la aplicación del conocimiento en la música y en la cultura integral del artísta.

Siendo el lenguaje una obra colectiva donde el pueblo ofrece la esencia que aprovechan los escritores para sus producciones, es necesario que se enseñe de un modo vivo y siguiendo en el estudio de la oración el orden que intuitivamente lleva la expresión del genio de la nación que lo crea. Por tanto al iniciarse el estudio de la forma oracional (sintaxis) deben preferirse las oraciones cortas y sencillas de uso común, y aún estudiando la analogía deberán tratarse con ella los aspectos sintácticos que convengan.

Sugerimos el estudio de Idioma comprendiendo temas globales de estudio llegando a la forma detallada pero dentro de una técnica que ofrezca el lenguaje, no analíticamente como sucede en los programas de estudio gramatical, adecuados a los que poseen el idioma como lengua materna, sino pensando en los que van a adquirir un nuevo instrumento de cultura; para ellos debe procederse impartiendo el conocimiento por medio de Unidades de pensamiento.

La teoría que sea indispensable conocer tendrá como fin el verificar o ratificar todo lo que se presente en el uso y práctica del idioma y creemos que toda explicación deberá ser aclarada con ejemplos para que el alumno comprenda, deduzca y más tarde exprese la norma o la regla como propia elaboración. Ninguna regla podrá establecerse si no ha sido debidamente motivada; y una definición deberá darse cuando se conozca la razón que la fundamenta.

El orden natural y lógico de la enseñanza de las partes de la oración según lo incluímos en el párrafo IV del Programa es el siguien te: nombra, verbo, adjetivo y participio, adverbio, pronombre, preposición, conjunción e interjección.

Para llegar a la realización de este Programa es necesaria la cooperación efectiva de las prácticas ex-cátedra (reuniones, representaciones, clubes, correspondencia internacional, círculos de estudio, audiciones de discos, etc.-) incluídas en él, para ello será necesario útiles, locales y tiempo especial.

Las finalidades, las hemos delineado de acuerdo con las necesidades mediatas e inmediatas de los alumnos del Conservatorio para que hagan del Francés un todo prácticamente utilizable.

Finalidades Técnicas:

    I.-   Habituar al alumno a comprender el lenguaje escrito y la expresión oral.
    II.-   Preparar al alumno para la correcta expresión oral y para decir por escrito lo más usual.
    III.-   Habituar al alumno a servirse de la Gramática como de la teoría del fenómeno vivo.

Finalidades Sociológicas:

I.- El conocimiento del francés debe tender a fortalecer y a acrescentar el entendimiento con Francia.

II.- La posesión del Idioma debe ser un instrumento de servicio social.

III.- El contenido de los ejemplos y de las lecturas deberá ser suficiente para abarcar aspectos de cultura musical y social.

IV.- Hacer llegar al alumno a servirse del Francés como instrumento de investigación o de estudio en todas las demas materias del Programa.

Plan de Estudio para el Lenguaje:

I.- Un reducido número de oraciones y expresiones de uso inmediato y común que podrá aumentarse libremente.

II.- Vocabularios escogido y ordenados según las finalidades que persigue el Conservatorio, formados por voces afines y dosificados según la rapidéz de asimilación que manifiesten los alumnos.

III.- Estudio intensivo de los vocabularios (en 2/o. y 3/er.)años) por antítesis, homónimos, sinónimos y derivados.

Duración del Curso:	3	años
Tiempo mínimo:	75	horas por año
Pruebas:	3	por año.

PROGRAMA GENERAL.

PRIMER AÑO.

I.-   Breve exposición de la imprtancia del conocimiento de la Lengua Francesa, para la cultura general y la práctica profesional del músico.

II.-   <u>Fonética:</u>

     a)   Estudio detallado y constante de los fonemas franceses valiéndose para ello de las oraciones ususales así como de la terminología musical El profesor deberá educar al oído de los alumnos con el fin de que perciban y diferencien los sonidos del lenguaje para que puedan aplicar ese conocimiento en el canto.

     b)   Ejercicios reiterados de dictado con el mismo fin. Explicación y uso de los signos ortográficos.

     c)   Práctica y aplicación del conocimiento de la lectura y de la fonética en los textos para canto.

III.-   Gramática:

     a)   Estudio en forma fraseológica y graduada de las partes estructurales de la oración según se presenten en el lenguaje. (nombre, adjetivo, verbo) Los auxiliares en el primer año se eatudarán en los tiempos y modos siguientes: Présent, imparfait, passé composé, futur de llindicatif; impératif et participes présent et passé. Los verbos regulares del 1/o. y 2/o. Grupos, en los mismos modos y tiempos. Los verbos irregulares cuya lista aparece al final de este programa se estudiarán solamente en présent, passé composé et futur del indicatif.

     b)   Práctica evolutiva y estudio del pronombre, adverbio y del verbo en sus formas activa, pasiva y pronominal.

     c)   Siguiendo la misma técnica de clase, desarrollar todas las modificaciones complementarias de la oración (preposición conjunción e interjección).

<u>Ejercicios</u> constantes con el material ofrecido por las lecturas y por las oraciones empleadas en clase. El profesor dará cuando lo juzgue necesario, los equivalentes españoles de la nomenclatura gramatical y de los giros, modismo y expresiones que se presenten en la práctica del lenguaje.

Práctica: Aplicación de los conocimientos adquiridos por medio de ejercicios dictados, lecturas y conversaciones sencillas.

Traducción: Traducciones frecuentes de los textos de canto o de los textos técnicos de música.

SEGUNDO AÑO.

I.-   Revisión de los conocimientos adquiridos durante el año anterior.

Fonética:

     a)   Articulación, pronunciación, diccción y estudio y práctica de esos tres aspectos valiéndose de textos literarios en prosa o en verso.

     b)   Memorización de pequeñas poesías.

II.-   Gramática:

a) Ampliación e intensificación del estudio iniciado en el primer año ofreciendo ya algunas escepciones de las reglas generales pero siguiendo la técnica ya indicada.

b) Estudio somero de los giros modismos y galicismos más usuales así como de los que aparezcan en los textos que se estudian.

c) Los verbos cuya lista aparece en el apéndice, se estudiarán en sus tiempos simples empleando únicamente los tiempos compuestos que se presten en el trabajo diario.

Práctica: Ejercicios de Dictado, lecturas biografías breves de los músicos más notables, anécdotas musicales. Comentarios sencillos de las lecturas. Ampliación del estudio de la terminología musical. Temas breves (versión del español al francés). Iniciación al manejo y uso del diccionario. Audición de discos, Reuniones culturales.

Traducción: Ejercicios constantes con textos de canto, métodos, obras de teoría y técnica musical. Versión de textos literarios y de crítica musical. Correspondencia interescolar (internacional).

TERCER AÑO.

I.-   Revisión de los conocimientos adquiridos durante el año anterior.

II.-   Fonética:

a) Lectura expresiva de los textos seleccionados con el fin de perfeccionar prácticamente los conocimientos adquiridos.

b) Recitación de memoria de los textos de canto y de pequeños poemas.

III.-   Gramática:

a) Estudio y práctica de los temas ya tratados en años anteriores.

b) Enseñanza de todos lo que sea necesario para justificar el correcto empleo del lenguaje oral y escrito.

c) Estudio de los casos de excepción de las partes de la oración concretándose a los más usuales.

d) El verbo en todos sus modos y tiempos.

e) Giros, modismos y galicismos más usuales.

f) Teoría y práctica de la construcción oral y escrita.

Práctica: Aplicación del conocimiento gramatical de un modo racional y a base de textos literarios convenientes para el efecto; lecturas, conversaciones reuniones culturales, conferencias, audiciones de discos, representación de obras teatrales adecuadas para ejercitar la dicción la adición y la percepción correcta de la expresión oral. Correspondencia internacional. Uso del diccionario.

BIBLIOGRAFIA.

Revistas: La Revue Musicale, Les Nouvelles La Revue des Deux Mondes.   Littéraires

Lectura: Hisoire de la Musique   Charles Nef.
La Musique. Ses Lois, son
Evolution   Jules Combarieu.

Anecdotes Musicales	E. Van de Velde.
Histoire de la Musique avec	
l'aide du disque.	A. Coeuroy et R. Jardillier.
Morceaux choisis des Classiques Francais	
	Toutey.
(Cours supérieur et complémentaire.)	
Phonetique du Français Moderne	H. Van Daele
Diccionarios: Francés - Español.	R. Reyes o Salvá.
Español - Francés.	

Lista de los verbos irregulares cuyo estudio deberá tener atención preferente.

Aller	Entendre	Pouvoir	Sortir
s'asseoir	Falloir	Rendre	Tenir
connaitre	Faire	Recevoir	Venir
devoir	Lire	Sentir	Vivre
dire	Mettre	Savoir	Voir
écrire	Ouvrir		Vouloir

En el 2/o. y 3/er. años el profesor hará estudiar algunos otros verbos de uso común así como las formas extensivas de los que están incluidos en la lista anterior. (prendre, comprendre, reprendre etc.)

México, D.M., 31 de julio de 1939.

Prof. Juvencio López Vázquez.
María Teresa Chemin
María Luisa Paure

Nota: - La división del programa anterior en trimestres, queda a discreción del profesor.

PROGRAMA

DE LA

CLASE DE INGLES.

PROGRAMA PARA EL CURSO DE INGLES, EN TRES AÑOS.

- - - - - - - - - - - - -

Formulado por la Profesora Manuela Amor de Hill

PRIMER AÑO.

PRIMER TRIMESTRE:

I.-	Demostración de la importancia del idioma Inglés en la vida actual, y sobre todo en la carrera de un músico.

II.-	Diferencia entre el Inglés de Inglaterra y el de distintas - partes de Estados Unidos, ejemplos de ortografía, pronunciación, palabras, modismos.

III.-	Clave para la pronunciación correcta del Inglés.

a).- Pronunciación de las vocales.

b).- Sonido breve, sonido largo.

c).- Vocales solas, en grupo.

d).- Sonidos vocales modificados.

e).- Algunas vocales pronunciadas de distintos modos.

f).- Combinaciones especiales.

g).- Diptongos.

h).- Consonantes, sonidos especiales.

i).- Consonantes mudas, ejercicios.

(Se dosificará lo anterior, de tal modo que dé una base al alumno, pero que no le haga árido el estudio del Idioma. Al decir más adelante "Ejercicios de fonética" se debe entender el desarrollo de estas reglas, aplicadas a sílabas, palabras, oraciones, más adelante a Lectura, Recitación, etc.)

IV.-	Acento. La pronunciación inglesa: reglas, ejercicios.

V.-	El alfabeto Inglés. Deletreo, separación de palabras.

Los meses.

Los días.

Las estaciones.

Numeración (sencillas operaciones matemáticas) fechas, cardinales y ordinales.

VI.- Expresiones y frases más usuales en la vida diaria.

VII.- Vocabulario. El salón de la clase.

La familia.

Lectura. Sobre La casa.

La nacionalidad.

Traducción y Las partes del cuerpo.

La ciudad.

Conversación. El campo.

La ropa.

(8 primeras lecciones del libro de texto).

VIII.- Artículos, nombres, pronombres, adjetivos. Verbos "to Be" y "to Have" en tiempos Presente, formas, afirmativa, interrogativa, negativa e interrogativa, negativa, Forma Progresiva. Verbo "to Do" como auxiliar.

IX.- Ejercicios escritos.

X.- Ejercicios orales.

XI.- Aplicación práctica, constante.

XII.- Conjunto coral.

- - - - - - - - - - - - - -

SEGUNDO TRIMESTRE.

I.- Vocabulario. El Trabajo y

el trabajador.

Lectura. Los viajes.

Medios de transporte.

Traducción y sobre Las comidas

Los colores.

Conversación. El reloj.

(7 lecciones del libro de Texto).

II.- Verbos "To Be" "To Have" y verbos regulares de las lecciones en Pasado y Pasado Progresivo. Formas: afirmativa, interrogativa, negativa e interrogativa.

III.- Expresiones de cortesía: saludos y despedidas, presentaciones. Para excusarse, para agradecer. Recuerdos, Recados. Visitas. Citas Invitaciones.

IV.- Repaso gramatical del 1er. trimestre.

V.- Ejercicios de fonética, aplicados a la anterior. (Si algún alumno se destaca por su buena pronunciación se le preparará para canto individual o recitación, ya sea para el examen o alguna audición.

VI.- Conjuntos corales.

TERCER TRIMESTRE.

I.-   Repaso breve de los dos primeros trimestres.

II.-   Vocabulario.   Las profesiones.

                                    La edad.

        Lectura.   La salud.

                  sobre   El clima.

        Traducción y   Los almacenes.

                                      Los edificios públicos.

        Conversación.   El Conservatorio.

(5 últimas lecciones del libro de texto).

III.-   Verbos irregulares, partes fundamentales, tiempo Futuro y Futuro Progresivo. Modo Imperativo. Pronombres reflexivos.

IV.-   Ejercicios escritos. Ejercicios orales.

V.-   Fonética aplicada a todo lo anterior pero con especial empeño a canciones inglesas para niños "Nursery Ryhmes" solos o coros, que sin ofrecer dificultad musical son para el alumno el primer escalón en la buena dicción inglesa y lo van familiarizando con el espíritu, no solo de la música sino del carácter inglés.

- - - - - - - - - - - - -

SEGUNDO AÑO.-

PRIMER TRIMESTRE.

I.-   Repaso Gramatical completo del año anterior.

II.-   Expresiones de uso diario. Fórmulas de cortesía.

III.-   Continuación del Programa Gramatical: tiempos compuestos de los verbos, verbos irregulares, verbos "can" "may" y "must".

       Pluralización de sustantivos.

       Declinación de pronombres.

IV.-   Vocabulario.   Lectura inglesas.

                                    Biografías de músicos.

        Lectura   Críticas.

                                    Artículos de prensa.

        Traducción y   Anécdotas.

                                    Comentarios.

        Conversación.

V.- Fonética aplicada a todo lo anterior y en especial: a

VI.- Canciones individuales.

en inglés moderno.

VII.- Conjuntos Corales.

(Por no contar con un libro de Texto que llene las necesidades de este Curso, se escogerán trozos, y se le proporcionarán al alumno con ayuda de Mimeógrafo).

SEGUNDO TRIMESTRE.

I.- Continuación del Programa Gramatical.
Present Perfect, Past Perfect, Future Perfect, 4 formas, Condicional.

II.- Bases para correspondencia, recados cortos, etc., distintos. tipos de estilo epistolar.

III.- Preparación de Audición relacionada con la clase de Inglés: Poesía. Lectura. Comentario. Ilustración musical. Canto. Coro.

IV.- Visita a alguna Escuela Secundaria, llevando el Programa anterior como demostración del trabajo realizado en el Conservatorio, y como educación musical de los oyentes.

V.- Ayuda individual a los alumnos de Canto, en la pronunciación de las obras en Inglés.

TERCER TRIMESTRE.

I.- Continuación del Programa Gramatical.

II.- Lectura.
Traducción y   Sobre trozos escogidos.
Conversación.

III.- Preparación minuciosa de una transmisión por Radio, ya sea números sueltos: traducción, comentario, recitación, canto etc., o la audición totalmente a cargo del Grupo de Inglés (2o. y 3o.)

IV.- Canto, individual y conjuntos (inglés moderno).

TERCER AÑO:-

PRIMER TRIMESTRE.

I.- Habiéndosele dado al alumno las bases del Idioma en Primer Año, el complemento de ellas en segundo año y la iniciación en Materias Musicales en este mismo, es de esperarse que en Tercer Año ya _puede y debe trabajar por sí solo._ (bajo dirección y consejo del Profesor) puesto que ya tendrá _facilidad_ y _gusto_ en ello.

II.- Repaso gramatical de los dos cursos anteriores.

III.- Terminar el Programa gramatical: palabras compuestas, prefijos, sufijos, contracciones, formación de palabras, origen de ellas. _Inglés antiguo_ (sólo lo indispensable para que el alumno _entienda_ cantos de Cruzados, Baladas, Romances, Leyendas anteriores al Siglo XVI, etc.

IV.- Recitación de Poemas escogidos.

V.- Lectura, Traducción, (español - Inglés) y conversación sobre trozos escogidos.

VI.- Comentarios por el alumno. (escritos y orales).

VII.- Correspondencia con alumnos de algún Conservatorio de país Anglo-parlante.

SEGUNDO TRIMESTRE.

I.- Continuación de actividades del Primer Trimestre especializando en:

II.- Canciones de negros (Negro Spirituals) en que figuran tantos modismos y contracciones, que no nos parecen propias para el alumno de años anteriores.

III.- Audición totalmente en inglés (en el Salón de Actos del Conservatorio) a la que se invitarán estudiantes de la Escuela de Verano, miembros de la Colonia Inglesa y de la Americana, etc.

IV.- Reunión social en el Conservatorio convidando a miembros de las Colonias Inglesa y Americana, otras Sociedades de Música, alumnos escogidos de Academias y Escuelas Particulares, etc. Los Alumnos de la clase de Inglés (3er. año y los más aprovechados de 1o. y 2o.) se encargarán de la recepción y agasajo. En esta reunión se leerá alguna conferencia, ilustrada con música selecta.

Así daremos a conocer nuestra labor y el alumno sabrá como conducirse en un ambiente al que más tarde lo llevará su profesión.

TERCER TRIMESTRE.

I.- Brevísima Historia de la Música. (Biblioteca, Material traducido de clases en español).

II.- Formación de un Album ilustrado. (Brown Pictures).

III.- Monografías ilustradas. (The Oxford Companion to Music)

IV.- Recopilación de Biografías. Canciones, Poemas estudiados en años anteriores, etc.)

V.- Audición final, en la Radiodifusora.

- - - - - - - - - - - - -

Profa: Manuela Amor de Hill.

MATERIAL DE LA CLASE DE INGLES.

1er. Año. Libro de Texto: Inglés Elemental por los Profesores.
Elena Picazo de Murray y Paul V. Murray, M.A.
Libreta rayado sencillo.   (2o. y 3o.).
Libreta pautada.   (2o. y 3o.).

En la
Biblioteca.   1.   Diccionario Appleton.

D.   Appleton Century Co. Inc..$10.00
New York. London.

2.   The Etude, Music Magazine.,

Theodore Presser Co. Pubs.
1712 - Chestnut Street, Philadelphia, Pa.
Subscription Prices ....$ 3.50.

3.   Musical America. Representative Fco. -
Agea. Av. Chapultepec #42.
Subscription Prices ....” 3.50.

4.   The Oxford Companion to Music,
Parcy A. Scholes.
The Oxford Press, New York.............................$ 7.00 Dls

5.   Minute Biographies. ....” 5.00.

6.   Reproducciones Brown. Grabados de compositores,
Temas relacionados con Musica, Ciudades o Pueblos,
Monumentos, estatuas, etc. George P. Brown and.
Co. 38 Lovett st. Beverly, Mass ....$ 0.02 cts.
c./u.

PROGRAMA

DE LA -

CLASE DE ITALIANO

PROGRAMA DEL CURSO DE ITALIANO.

Formulado por la Sra.
Profesora. María Appendini de Bigola.

————————

FINALIDADES GENERALES:

Con los cursos de idiomas en el Conservatorio Nacional de Música se pretende dar a los alumnos la posibilidad de leerlos, escribirlos y traducirlos.

FINALIDADES IDEOLÓGICAS:

1).- La técnica y el material para el trabajo en la clase deberán fundarse en la Pedagogía relacionada con los fenómenos sociales interpretados de acuerdo con un criterio de beneficio social.

2).- El estudio de los idiomas contribuirá a fortalecer el entendimiento artístico y cultural entre los pueblos.

LIBROS DE LECTURA:

Para este fin se leerán páginas escogidas de:

De Amicis: Cuore.
Pirandello: Páginas escogidas.
Mazzini: Escritos varios.
Croce: Páginas escogidas.
Revistas musicales italianas: varias.

————————

PRIMER AÑO.

PRIMER TRIMESTRE.　　　　　　　　　　　　　　　　(TRES CLASES SEMANALES)

Fonética:　　Sonido en general.
　　　　　　Sílabas - acentos.
　　　　　　Vocales fuertes y débiles.
　　　　　　Diptongos.
　　　　　　Triptongos.
　　　　　　Iato.

　　　　　　Consonantes:　　　sonido áspero y dulce de la S, de la Z,- de la G y CC, de la G y GG, silbada S.

　　　　　　Pronunciación de la Z, a veces como TS y otras como DS; de GN, GL, CQ, SC.- Sonidos dulces y duros de QU, RR, R, B/V.
　　　　　　Consonantes poco usadas: J, W, K, Y.

　　　　　　Lecturas y traducciones de los varios ejercicios que se encuentran en los métodos de Canto usa dos por los diferentes Profesores del Conservatorio. (Vaccari, Concone, etc.)

　　　　　　Ejercicios de ortografía para la aplicación de las C, G, SC, SCH, GN, GL, CQ, S, Z, ZZ, SS, y para las aplicaciones de los sonidos de las vocales O, E, en las palabras omónimas.

　　　　　　Ejercicio de pronunciación: poesías, aprendizaje de memoria del texto en italiano de los diferentes métodos. Corrección de la pronunciación cantada.

　　　　　　Lectura y traducción.

　　　　　　Morfología:　1)　el nombre: masculino, femenino, singular, plural, etc.
　　　　　　　　　　　　2)　el artículo: determinado.
　　　　　　　　　　　　3)　" indeterminado.
　　　　　　　　　　　　4)　el adjetivo: positivo y comparativo y superlativo.
　　　　　　　　　　　　5)　el verbo SER o ESTAR: TENER o HABER.

　　　　　　Conversación: 1)　el cuerpo humano.
　　　　　　　　　　　　2)　el tiempo
　　　　　　　　　　　　3)　el vestuario.
　　　　　　　　　　　　　　(aplicación de las reglas fonéticas, ortográficas y morfológicas)
　　　　　　　　　　　　　　(Conversaciones breves y comentarios sobre las lecturas hechas).

SEGUNDO TRIMESTRE.

Fonética: Divisiones de las consonantes en labiales, dentales, lenguales, palatiales, guturales.

      En mudas, sonoras, aspiradas, nasales, líquidas, asimilaciones, caídas, añadiduras y transposiciones de los sonidos.

Ortografía: El acento.

      El apóstrofe.

      Monosílabos omónimos: me, m'é; te, t'é; vo, v'ho; mai, m'hai; se, s'é, etc.

Ejercicios graduados.

Lecturas del texto de las romanzas, de los trozos de música estudiados por los alumnos, y traducciones relativas.

Aplicaciones de las palabras en dictados, ejercicios de conversación sobre la casa, el comedor, la ciudad, etc.

Pequeñas traducciones: del italiano y del español.

Morfología: El pronombre personal.

      El verbo. (primera y segunda conjugación).

TERCER TRIMESTRE.

Fonética: Repaso y aplicación en ejercicios de fonética.

Lectura: hablada y cantada de los trozos de música estudiados por los alumnos. Traducción relativa.

Ortografía: Ejercicios graduados y más difíciles sobre las reglas estudiadas en los dos trimestres anteriores.
Dictado.

Conversación: Términos musicales italianos que se encuentran en los trozos de música.

      Vida y obras de los principales músicos italianos.

Traducción: del italiano de diferentes trozos de crítica musical.

Morfología: pronombres posesivos,

      demostrativos,

      relativos,

      interrogativos,

      cuantitativos,

      el verbo de tercera conjugación.

SEGUNDO AÑO.

PRIMER TRIMESTRE. -

Ejercicios de fonética y ortografía repasando y ampliando las reglas estudiadas en el primer año.

Consonantes dobles. Casos en que se duplican las consonantes (Origen latino)

De la acentuación: palabras agudas,

palabras esdrújulas.

Voces terminadas en VILE, OLE, INE, etc.

Los acentos ortográficos.

El apóstrofe.

Particularidades ortográficas que se deben notar en la conjugación de ciertos verbos:

1).- temas que salen en i átona, donde la final del tema puramente ortográfico sea precedida de C', G', SC' (baciare, mangiare, sciare) de GL', ch, gh, (imbrogliare, invecchiare).

2).- Temas que salen en gutural: ca, ga.

3).- Temas de la 2a. y 3a. conjugación que salen encere, gere, cire, gire.

4).- Temas que contienen un diptongo móvil.

Dictados.

Lecturas y traducciónes de trozos de poesía italiana, de piezas de canto, etc.

Morfología.- Repaso de las reglas estudiadas en el primer año.

Repaso de los verbos de la primera, segunda y tercera conjugación.

Verbos irregulares de primera conjugación.

Verbos fuertes; anómalos difectivos.

Ejercicios de composición con las palabras encontradas en las lecturas. Aplicaciones de las reglas sobre el nombre, el adjetivo y el artículo.

Ejercicios sobre los verbos.

Preposiciones.

Adverbios y locuciones adverbiales.

Contracción del artículo en los diferentes casos

Traducciones de frases sencillas del español al italiano.

SEGUNDO TRIMESTRE.

Lecturas y traducciones de artículos fáciles sobre música italiana.

Conversación y reproducción oral por los alumnos.

Dictados.

Ejercicios de pronunciación, recitación de poesías, dicción hablada y cantada de trozos de música.

Morfología: Tiempos compuestos de los verbos de las tres conjugaciones.

Formas pasivas, pronominales e impersonales de los verbos.

Conversación: El teatro, la fábrica, el papel, el campo, etc.

Composiciones sencillas.

TERCER TRIMESTRE.

Repaso de las reglas de fonética; ejercicios, lecturas, dicción hablada y cantada de trozos de música.
Dictados.
Reglas de sintáxis:

> uso del artículo,
> uso de los verbos auxiliares,
> uso de los verbos serviles.

Conversaciones sobre arte y músicos italianos, sobre las lecturas hechas en armonía con las finalidades ideológicas del artículo 3º de la Constitución.

TERCER AÑO.

PRIMER SEMESTRE. -

Lecturas de piezas de canto de óperas italianas.

Traducciones.

Conversación.

Biografía de compositores célebres.

Compendio de historia del Arte Musical en Italia.

Reproducción oral por los alumnos de las lecturas hechas.

Ejercicios de memorización.

Dicción hablada y cantada de trozos musicales.

Morfología, Verbos irregulares de primera, segunda y tercera conjugación.

Reglas de Sintaxis.

Repasos del uso del artículo, del adjetivo y del nombre.

Uso del pronombre.

Uso del verbo.

Uso y significación de la preposición.

Diálogos para substituir al "tu" "el" "vos" y el "usted".

SEGUNDO SEMESTRE.

Lecturas y traducciones de piezas de canto y de Operas italianas.

Conversación.

Biografía de autores italianos.

Historia de la música en Italia.

Diálogos con cambios de personas dando de "tu", de "vos" y de "usted".-

Traducción de artículos musicales.

Composición de pequeñas monografías sobre el Arte musical.

Dicción hablada y cantada de trozos de canto en italiano.

Repasos continuados de la conjugación de los verbos.

Uso de los tiempos de los verbos.

S_intaxis compuesta o teoría del período.

Modismos.

Palabras de uso poético.

Palabras de uso arcáico

Ejercicios gramaticales.

CLASE DE ALEMAN.

PROGRAMA DE LA CLASE DE ALEMAN

formulado por el Prof. Eugenio Navarro

o o o o o o

El Plan de Estudios comprenderá un curso de tres años, durante el cual los primeros dos se emplearán en la enseñanza gramatical, sobre una bse esencialmente práctica de acuerdo con las necesidades progresivas de los alumnos, intercalando continuamente pequeños trozos de lectura; de suerte que, cuando el alumno principie el tercer año -que se dedicará a la lectura de pequeños trozos de literatura y el perfeccionamiento del idioma- ya estará perfectamente capacitado para traducir no solo obras musicales, sino en general, cualquier materia del alemán al español, objeto principal, según entiendo yo, del estudio de la lengua alemana.

EXPOSICION DEL CURSO, CUYAS MATERIAS SERAN DISTRIBUIDAS ENTRE LOS DIFERENTES AÑOS:

Primera Parte.

El alfabeto.
Pronunciación de las Vocales.
Pronunciación de las Consonantes.
División de las palabras, en sílabas.
Empleo del las letras mayúsculas.
El acento prosódico.
Analogía, nociones generales, partes de la oración.

Segunda parte.

Del artículo.
Declinación del artículo.
1a. Declinación de los sustantivos.
2ª Declinación de los sustantivos
3ª Declinación de los sustantivos
4a. Declinación de los sustantivos
5ª Declinación de los sustantios
Régimen de algunas preposiciones.
Irregularidades en la formación del plural.
Declinación de los sustantivos compuestos.
Del género de los sustantivos.
Declinación de los nombres propios de personas.
Nombres propios de continentes, países, etc.
De los adjetivos determinativos.
Verbos auxiliares.
Conjugación del verbo sustantivo "sein"
Conjugación de "werden"
Verbos auxiliares modificativos.
De los adjetivos 1a., 2a. y 3a. forma
De los grados de comparación.
Adjetivos numerales. Números cardinales.

Números ordinales.

Del verbo.

Verbos regulares.

Observaciones especiales acerca de los verbos regulares.'

De los pronombres.

Pronombres personales.

Pronombres demostrativos.

Pronombres posesivos.

Pronombres relativos.

Pronombres correlativos.

Pronombres y numerales indeterminados.

Voz pasiva.

Verbos irregulares.

1a. Conjugación

2ª Conjugación

3ª Conjugación

4ª Conjugación   Pret. Imperfec. en "U" y Part. Pas. en "A"

Verbos compuestos inseparables.

Verbos compuestos separables.

Verbos ya separables, ya inseparables.

Verbos neutros o intransitivos.

Verbos impersonales.

Verbos reflejos o relfexivos.

Del adverbio.

De las preposiciones.

De las conjunciones.

De las interjecciones.

Tercera parte.-   Empleo y omisión del artículo determinado e indeterminado.

Sintaxis.   Regimen del substantivo; empleo de la preposición.

Observaciones sobre los verbos auxiliares. Verbos auxiliares_ modificativos.

Observaciones sobre el uso de los pronombres.

Empleo de los tiempos del indicativo.

Empleo del subjuntivo

Empleo del subjuntivo en estilo indirecto.

Empleo del infinitivo.

Empleo del infinitivo con "zu" y "um zu"

De los participios (participio presente y participio perfecto o pas).

Sintaxis de los adjetivos

Del regimen de los verbos.

Empleo de las preoposiciones.

De la construcción en Alemán.

Oración simple y oración compleja.

De la inversión.

De la oración incidental.

De la oración compuesta.

Preposiciones compuestas por coordinación.

Preposiciones compuestas por subordinación.

PROYECTO DE PROGRAMA DE LITERATURA. COMPARADA, PARA SU DESARROLLO EN EL CONSERVATORIO NACIONAL DE MUSICA. POR ERMILO ABREU GOMEZ.

1.- Teoría generales de la estética literaria.

Crítica y comparación de las principales escuelas literarias.

2.- Las literaturas primitivas. Su sentido cosmogónico.

3.- Las literaturas orientales. Su sentido panteísta. Literaturas de Egipto, Persia, India, China. Especial concideración de la literatura Hebrea.

4.- Influencia de las literaturas orientales en las literaturas - Occidentales.

La literatura arabe de la Edad Media, como vehículo transmisor.

5.- El sentido de las literaturas clásicas de Occidente: la griega y la latina.

Localización de las culturas que representan.

6.- Análisis comparativo de algunas particularidades de estas literaturas. La tragedia griega, la época griega, la lírica griega. La latina. la comedia latina.

7.- Explicación de los fenómenos estéticos creados por los centros helénicos y la escuela Bizantina.

8.- Carácter de las literaturas Medio Evales europeas. Los problemas lingüisticos propios de los romanos.

9.- La época medieval europea. Sus derivaciones en las poesías de romance.

10.-Explicación de las tres grandes escuelas poéticas medievales: la de juglaría, la de clerecía y la de los travadores.

11.- Origen, desarrollo y madures del fenómeno renacentista.

12.-Los generos creados por el Renacimiento. La influencia - del humanismo en la literatura.

13.-Causas de los períodos de decadencia de las literaturas en los siglos XVII y XVIII.

14.-Significado del neoclasicismo. Su valor literario. Su valor político.

15.-Diferentes escuelas románticas, con relación a su origen, nacionalidad y filosofía.

16.-El nacionalismo francés. El realismo español. El costumbrismo americano.

17.- Comparación del modernismo y de la generación del 98. Puntos de contacto y de diferencia.

18.-La restauración de la novela mexicana. Sus origenes en la historia de México.

19.- El corrido y el romance en España y América.

20.-Breve teoría sobre la hipótesis de las escuelas literarias en formación.

Todos los temas anteriores se ampliarán al tratar de sus íntimas relaciones con la producción musical en deferentes pueblos y epocas históricas.

Profesor.

E. Abreu Gómez.

SEGUNDO AÑO DE LA CLASE DE ARTES

PLASTICAS.

La historia Universal del Estilo.
Teoría de Riegl.- "La Voluntad Artística."
Teoría de Hezel.- "Visuali del Persa."

I.-

Que se ha entendido por estilo.

Puede promoverse una historia del estilo.

La tesis de Worriger y Spengler frente a la historia Universal del Estilo.

Situación et-neopsicológica de Worringer y la social psicológica de Worriger.

El problema de la cultura de les pueblos en Spengler.

El problema de organización social en Worriger.

El problema de la historia del Arte.

Teoría de la relación entre figura estilistica y estructura social.

Teoría de Cohn-Wiener (La historia del estilo en el arte pictónico, como concepción de la naturaleza y del espíritu.).

Los estilos:

     1.-constructivo,-Aplicable a la arquitectura.

     2.-decorativo.- Arquitectura y sus derivados.

     3.-Ornamental.- Artes mayor y menor.

CAP. IV

ACADEMIAS

DE

INVESTIGACION

ACADEMIAS DE INVESTIGACION.

por el Dr. Adalberto García de Mendoza

Las Academias de Investigación creadas en el Conservatorio Nacional de Música constituyen un Centro de investigaciones del mayor interés tanto para los músicos como para los educadores en el campo artístico. Estas Academias se refieren a tres Sectores, la primera al Folklore Musical del País; la segunda, a Nuevas Posibilidades Musicales, y la tercera, a Historia y Bibliografía. Nada más que estas Academias deben tener una actividad verdaderamente vigoroza para que sirvan de factores en la integración cultural de nuestro pueblo.-

Las creaciones folklóricas son verdaderamente notables en nuestro país por su variedad y riqueza. Ofrecen amplios campos de investigación no solo para dar a conocer en el extranjero nuestra labor Nacional, sino también para encauzar un sentimiento artístico lleno de motivos y sugerencias y de esta manera integrar el espíritu colectivo tan necesario en todo proceso revolucionario integral.-

La investigación de Nuevas Posibilidades Musicales abre un campo considerable a nuestros jóvenes compositores para poder realizar una obra de acuerdo con las exigencias estéticas de nuestro tiempo. Nada es más útil que el estudio de los intentos de transformación en el campo musical que están realizándose en la Armonía, el Contrapunto, las formas musicales y aún más, en el ritmo, la tonalidad y aquellos aspectos que tratan de percibir, captar y hacer valer artísticamente obras en el campo de las sonoridades. Solo de esta manera el estudiante no tomará como exóticos el politonalismo, al atonalismo, la melodía de tiembre, así como las creaciones de Sohoenberg, Bartok, Strawinsky, Varése y tanto músicos contemporáneos de recia estructura emocional.

Por último, la Academia de Historia y Bibliografía es de enorme importancia, porque dedica a la revisión de obras en la Biblioteca del Conservatorio y Bibliotecas Públicas y Privadas de nuestro País, así como a los archivos de los ex-Conventos, Iglesias e Institutos, podrá llevar a cabo una búsqueda verdaderamente interesante para construir nuestra Historia Musical y con ello, abrir amplios campos de estudio y elaboración. Academia ésta que también dedicará su atención a hacer la bibliografía de las diferentes épocas de la Historia en el mundo y especialmente al formular nuestra Historia Musical.

Cada una de las Academias deberá tener a su cargo la divulgación de sus propios estudios, hallazgos, experiencias y problemas por medio de publicaciones en forma de boletines mensuales, revistas y folletos, hasta llegar a la publicación de libros tal como ya se ha iniciado en la obra "Precursores Precortesianos" de los señores Profesores Daniel Castañeda y Vicente T, Mendoza.-

Señalaremos nuestros puntos de vista sobre estas actividades dedicadas a cada una de las ramas mencionadas.

- - - - -

ACADEMIA DE FOLKLORE MUSICAL.

La necesidad de investigar e impulsar el folklore musical de México debe ser realizado por parte del Conservatorio Nacional de Música en una forma extensa y profunda. Por una verdadera desgracia no se ha intensificado esta labor que en el año de 1929 se iniciara en nuestro propio Conservatorio a iniciativa del maestro Carlos Chávez. Sin embargo, todo momento es oportuno para reanudar estas actividades y estima la Dirección a mi cargo que debe extenderse considerablemente dicha actividad de manera que se pueda constituir un Departamento especializado para dichos estudios.

Habrá un Jefe responsable de la Academia de Estudios Folklóricos. Le ayudarán en su labor dos o tres profesores especialmente comisionados, así como unos seis o diez alumnos de los más aventajados en estudios de Composición, Orquestación y Estética Musicales. Se le dotará de uno o dos salones para tener sus oficinas con un cuerpo administrativo suficientemente amplio. Las secciones de la Academia serán:

La primera, de recopilación de música indígena y mestiza mexicana, así como de danzas autóctonas, valiéndose para ello de misiones que recorrerán el país.

La segunda, dedicada a la recolección de instrumentos indígenas, así como de la colección y dibujos de los mismos, hará el estudio acústico necesario.

La tercera sección dedicada a los arreglos, orquestación y adaptación a instrumentos occidentales y orfeones de las obras autóctonas, así como a la adaptación de estas obras a la enseñanza por medio de textos para las Escuelas y grupos colegiados.

La cuarta, dedicada a elaborar cintas cinematográficas y grabación de discos y si es posible, a la reproducción del sonido, - figura y color, como se emplea en la cinta tecnicolor.

La quinta, dedicada a la formación del Calendario en que seconsignen las fechas de celebraciones religiosas y fiestas indígenas en relación con asuntos de índole musical, así como la elaboración de la Revista, folletos y publicaciones especialmente dedicadas a esta Academia.

La sexta y última, dedicada a coleccionar los trabajos y estudios de folklore internacional.-

- - - - -

ACADEMIA DE INVESTIGACION DE NUEVAS POSIBILIDADES MUSICALES.

Esta Academia tendrá a su cargo el estudio y la crítica de todas las nuevas posibilidades en el campo musical. No solo hará el estudio y crítica de todas las escalas existentes en el mundo, la formación y comprobación de teorías acerca de nuevas escalas, sino también la lucubración de las últimas doctrinas en armonía, contrapunto, orquestación y otras actividades que han hecho revolucionar el campo de las sonoridades musicales de manera considerable.-

El programa de esta Academia en el año de 1929 incluía el estudio y comprobación de los instrumentos relativos a las escalas que se consideren de interés fundamental. Nosotros agregamos el estudio de timbres y todas las elaboraciones que en el campo de - la Orquesta se están haciendo cada día con audaces intentos de renovación.

Para que esta Academia elabore con eficiencia su cometido es necesario que periódicamente algunos de sus elementos visiten los principales centros de Europa, Estados Unidos, America del Sur y aún países orientales, tengan la oportunidad de recibir de las fuentes vivas esas innovaciones y concurran a conciertos y toda clase de manifestaciones en ese sentido. -

Constará de tres Secciones:

La primera, estudiará las escalas y la comprobación de teorías acerca de las mismas, nuevas aportaciones a la armonía, al contrapunto, y en general a la composición.

La segunda, se dedicará al estudio y comprobación de los instrumentos relativos a las escalas, así como a todos los aspectos de la orquestación, conjuntos de instrumentos, y extenderá su campo hasta la aplicación de la voz a los desarrollos musicales modernos y

La tercera, a la publicación de una Revista conteniendo la exposición de nuevas doctrinas y la divulgación de las mismas para favorecer un movimiento de renovación musical.

- - - -

ACADEMIA DE HISTORIA Y BIBLIOGRAFIA.

Esta Academia tiene como propósito último, la formulación de la Historia de la Música de nuestro país, comprendiendo la época aborígen, la conquista y la época actual.

En su aspecto bibliográfico investigará las bibliografías relativas a las manifestaciones musicales de Asia y Africa, así como la producción occidental más antigua, hasta llegar al Siglo XX.

Hará una exploración de la Biblioteca del Conservatorio y otras, en lo que respecta a textos musicales que existan en ellas, y sobre todo se dedicará a escudriñar los archivos de los Conventos, Iglesias, Instituciones del Estado y privadas que por ventura guardan todavía en su seno secretos de un valor inestimable. - Este último estudio requiere no solo el aspecto propiamente de recopilación, sino también de investigación musical la más seria, pues en muchas ocasiones algunos textos sólo se encuentra de ellos el bajo cifrado.

Con el objeto de que esta obra tenga mayor efectividad, se formulará un boletín bibliográfico conteniendo la mención respectiva y además la reproducción de obras que se encuentren en los archivos ya mencionados en el párrafo anterior.

Estará al encargo de esta Academia, la publicación de un boletín mensual conteniendo la relación de libros y un pequeño juicio crítico de los mismos, así como la formación de un catálogo de los libros y obras de música existentes en la Biblioteca del Conservatorio.- Este último trabajo de común acuerdo con el Bibliotecario del Establecimiento.

Constará de tres Secciones:

La primera, dedicada a la búsqueda de textos en Bibliotecas, Archivos, etc. y formación de catálogos según la clasificación correspondiente.

La segunda, dedicada a la Bibliografía internacional de música, aprovechando revistas extranjeras y toda la documentación a propósito, selección de artículos de publicaciones extranjeras, y

La tercera, a la publicación de aquellas obras desconocidas hasta el momento con la debida restauración y construcción armónicas para ser ejecutadas; y edición de Boletines.

Teatro
Danza
Textos.

DR. ADALBERTO GARCIA DE MENDOZA.

ACADEMIAS:

DE INVESTIGACION DE MUSICA POPULAR.

DE HISTORIA Y BIBLIOGRAFIA.

DE INVESTIGACION DE NUEVAS POSIBILIDADES MUSICALES.

ACADEMIAS DE INVESTIGACION.

Los Estudios Académicos en un Conservatorio deben intensificarse en las Ramas siguientes: Estudios folklóricos nuevas posibilidades musicales, textos de estructura nacionalista, historia y bibliografía, danza, especialmente regional del país, teatro, fundamentalmente de tésis. Su funcionamiento requiere todos los medios de investigación, experimentación, recopilación, selección necesarios.

ACADEMIA DE ESTUDIOS FOLKLORICOS.

No cabe duda que la afirmación de un intenso y equilibrado nacionalismo constituye una de las bases de la cultura de cualquier pueblo. Los estudios perfectamente organizados para descubrir y seleccionar la producción musical elaborada por el pueblo, se presentan metódicamente en las siguientes actividades:

En primer lugar el establecimiento de una oficina central en donde se realicen las siguientes labores:

a.- Sección de brigadas de investigación;

b.- Sección de recopilación de canciones y obras ejecutadas por instrumentos aislados o en conjunto. Recopilación hecha por medio de nuestra notación musical y por discos y cintas cinematográficas con fonación.

c.- Sección de Pedagogía dedicada a escoger y depurar las mejores melodías con el objeto de enviarlas a la Sección de Textos que se encargará de hacer los arreglos a métodos de aprendizaje y a obras de conjuntos instrumentales y corales úriles para ser empleados desde el Kindergarten hasta el mismo Conservatorio. Así también en lo referente a rítmos, timbres y demás elementos fundamentales en el campo musical.

d.- Sección de Publicidad dedicada a dar a conocer periódicamente la labor realizada en esta Academia.

e.- Sección de Conciertos Públicos y Audiciones de Radio encargada de divulgar por estos medios las mejores producciones y tener ingerencia conforme a una reglamentación en todo lo que se refiere a dichas actividades en la República; y

f.- Sección de Cinematografía y sonido que tiene por objeto realizar las películas necesarias y gravar los discos ya sea en la Capital o en los Estados por conducto de las comisiones de la primera Sección.

La Academia de Esudios Folklóricos tendra, en los Institutos de música en los Estados, dependientes del Conservatorio, un fuerte apoyo, pues éstos, más en contacto con las costumbres de la región, podrán aportar innúmeros datos y estudios sobre el particular.

El conocimiento de las culturas precortesianas es de enorme interés para esta Academia. Así mismo las investigaciones del folklore español que más influencia tuvo en nuestro país vendrá a explicar ampliamente esas mezclas que encontramos en bailables, canciones y demás actividades musicales en el tiempo de la Colonia.

La naturaleza íntima del mestizaje debe ser especulada con toda atención ya que tiene un valor considerable para el estudio de nuestra nacionalidad.

ACADEMIA DE NUEVAS POSIBILIDADES MUSICALES.

Esta Academia constituye una actividad de gran trascendencia, no solo para los compositores, sino para todos los estudiantes de música. Da una visión completa de la música actual haciendo ver los procedimientos armónicos, contrapuntísticos, rítmicos, etc., que están siendo empleados por los nuevos creadores. En cada época cultural las posibilidades de realización son más amplias que las obras propiamente creadas. Los medios técnicos van aumentando cada día, el descubrimiento de nuevas escalas, combinaciones armónicas, mezcla de diversos modos y tonos, empleo de ritmos y cadencias nuevos, supone horizontes de enorme trascendencia y por lo tanto un campo fértil para la elaboración de música bella y novedosa.

Por ejemplo, el piano de doble teclado que la señora Christy emplea con maestría no solo tiene el valor de simplificar y facilitar la técnica de clásicos y románticos, sino que es un instrumento que favorecerá la creación de obras que no han podido realizarse hasta la fecha porque los medios técnicos no eran suficientes.

En el campo de las posibilidades podemos también colocar el empleo de los cuarte, octavos y dieciseisavos de todo, con todas las innovaciones que el maestro Julián Carrillo ha realizado y que se encuentran también en música oriental y en atisvos de otras épocas; así como muchas de las obras de la literatura musical moderna que no constituyendo obras de arte acabado, sin embargo ofrecen posibilidades de enorme provecho.

La intuición nos muestra los elementos geniales de nuevas posibilidades y es así como la combinación de timbres y de rítmos en el Octetto de Strawinsky, nos llena de entusiasmo; otras veces el colorido orquestal empleado en las obras sinfónicas de Prokofief; y en otras ocasiones la más penetrante relación entre la declamación de la tragedia y la expresión musical a través de los poemas sinfónicos de Milhaud. Y en intento más penetrante y atrevido la atonalidad en la obra de Schoemberg. Mundo de sonoridades que afirma posibilidades nunca realizadas en épocas primitivas o demasiado cultivadas y que por ello ingenuamente estimamos como retrocesos o degeneraciones artísticas. Pero es que cada época tiene un mundo inmenso de horizontes y justo sería recordar el pensamiento de Lansberg que nos habla de la posibilidad medioeva, que en cada momento espera ser realizada. Para este filósofo como para nosotros cada época es una posibilidad y las culturas van destruyendo los ideales y aún las semillas para derramar en el suelo fértil nuevos propósitos y nuevas simientes. Epocas todas de la historia de enormes sugerencias, de anhelos infinitos; pero que no han visto toda su realización porque el hombre no es capaz de forjar vidas dentro de sus múltiples posibilidades.

Todas las artes presentan ese derrotero en el camino de la posibilidad. El primitivismo, con el empleo de medios simples y ya arcaicos para nosotros, contiene la sábia más vigorosa de donde pueden venir floraciones que entregarán los frutos de la más exquisita naturaleza. Ese primitivismo aún no se agota en sus manantiales y lo vemos fortalecer las creaciones lo mismo del Medioevo que del Renacimiento; de la epoca clásica greco-romana, que del mundo conemporáneo. Es el valor del impresionismo en la pintura contemporánea, maravillosa concepción primitivista de la naturaleza y de la vida.

El estudio debe hacerse en esta Academia por medio de las siguientes secciones:

a.- Sección dedicada a recopilación y estudio de las nuevas posibilidades musicales.

b.- Sección dedicada al envío de misiones a diferentes partes de la República y esencialmente al extranjero con el objeto de documentarse en las fuentes mismas de los creadores e intérpretes de alta calidad.

c.- Sección de Prensa que por medio de boletines pueda dar a conocer los trabajos de toda la Academia.

d.- Sección de Crítica-Estética musical donde se inicie el estudio de la crítica, perfectamente cocumentada, de las nuevas posibilidades y cuyos estudios estarán basados en lo que podriamos llamar el criterio musical.

ACADEMIA DE HISTORIA Y BIBLIOGRAFIA.

Esta Academia señalará, dentro de su radiode acción, todo género de estudios relacionados con la recopilación de datos que para la historia de nuestro país, puedan conseguirse, tomando en cuenta el archivo de todas las producciones musicales y críticas artísticas que se hayan elaborado en las diversas épocas de nuestra historia patria. Tendrá como secciones las siguientes:

a.- Sección de ordenamiento documental y archivo.

b.- Sección de búsqueda de documentos aprovechando los archivos y las fuentes mejores para su objetivo.

c.- Sección de publicidad bajo la forma monográfica con toda la documentación fotográfica y fotostática necesaria, así como clasificación metódica en el campo de la bibliografía.

De las Academias de Textos así como de Danza y Teatro, daré mis opioniones en su debido lugar.

Por último, estimo que las Academias de Investigación son de enorme interés para el Conservatorio y que de su buen funcionamiento se logrará una de las mejores contribuciones al sentimiento y cultura patries, sobre una base de una bien entendida socialización.

ACADEMIA DE INVESTIGACION DE MUSICA POPULAR, -DEL CONSERVATORIO NACIONAL DE MUSICA.

- - - - -

I. Reunir todas las publicaciones hechas hasta la fecha, privada u oficialmente, conteniendo recopilaciones o estudios sobre la música, la literatura y la danza populares en México.

II. Formular el calendario de las celebraciones religiosas y fiestas indígenas.

III. Recopilar la música indígena y mestiza mexicana bien sea escribiéndola o grabándola en discos fonográficos.

IV. Reoopilar las danzas indígenas bien sea por medio de descripciones, de la notación coreográfica especial o por medio de películas cinematográficas.

V. Describir en dibujos especiales todos los instrumentos indígenas mexicanos.

VI. Adquirir los instrumentos indígenas que sea posible.

VII. Coleccionar fotografías relativas a todos los trabajos anteriores y que se consideren de interés particular.

VIII. Reunir las antologías, trabajos o estudios hechos en cualquier parte del universo, relativos a las principales culturas musicales "nacionalistas"

IX. Con el material a que se refiere el inciso anterior, hacer desde luego transcripciones musicales apropiadas a los conjuntos de que puede disponer el Conservatorio, y si se trata de musicografía, formular trabajos sintéticos para que se les dé una amplia circulación.

X. Proponer por conducto de esta Dirección, a la Academia de Nuevas Posibilidades Musicales, la construcción de los instrumentos "exóticos" nacionales o extranjeros que se consideren de verdadero interés.

ACADEMIA DE HISTORIA Y BIBLIOGRAFIA.

- - - - - - - - - -

I. Exploración de la Biblioteca del Conservatorio.

II. Revisión del catálogo general.

III. Bibliografía relativa a la música "exótica" dividida en dos grandes libros: Asia y Africa (de acuerdo con la Academia de Investigación de Música Popular.

IV. Bibliografía de la producción musical occidental del siglo XVII.

V. Bibliografía de la producción musical occidental del siglo X VI hacia atrás.

VI. Bibliografía de la producción musical occidental de los siglos XVIII y XIX.

VII. Bibliografía de la producción musical occidental del siglo XX.

VIII. Proporcionar facilidades de circulación y alcance práctico entre los alumnos y profesores a las obras más importantes contenidas en las bibliografías anteriores.

IX. Formulación de tres grandes bibliografías relativas a las materias que investigue cada una de las Academias.

X. Formulación de la historia musical de México en tres libros:

El México aborígen.

La Conquista.

El Espíritu Nuevo.

ACADEMIA DE INVESTIGACION DE NUEVAS POSIBILIDADES - -

MUSICALES.

I. Estudio y crítica de todas las escalas existentes en el mundo.

II. Formulación y comprobación de teorías acerca de nuevas escalas.

III. Estudio y comprobación de los instrumentos relativos a las escalas que se consideren de interés fundamental.

EL HONORABLE CONSEJO DE PROFESORES Y ALUMNOS DEL CONSERVATORIO NACIONAL DE MUSICA en vista de las facultades que se le han conferido como legítimo representante de todos los elementos de la institución, formula y pone en vigor el siguiente ACUERDO relativo a la designación del maestro Manuel M. Ponce como Jefe de la Academia, de estudios folklóricos y del maestro Rafael J. Tello como jefe de la academia de nuevas posibilidades.

EL HONORABLE CONSEJO DE PROFESORES Y ALUMNOS DEL CONSERVATORIO NACIONAL DE MUSICA en vista de las facultades que se le han conferido como legítimo representante de todos los elementos de la institución, formula y pone en vigor el siguiente ACUERDO relativo al restablecimiento de las ACADEMIAS de Folklore, nuevas posibilidades e historia y Bibliografía.

CONSERVATORIO NACIONAL DE MUSICA.

DIRECCION.
Correspondencia.

860.

VII-I-

Participa haber designado al Maestro Rafael J. Tello, Jefe de la Academia de Nuevas Modalidades Musicales.

México, D.F., a 22 de abril de 1939.

CIUDADANO JEFE DEL DEPARTAMENTO
DE BELLAS ARTES. Presente. -

Me permito informar a usted que de conformidad con el acuerdo tenido con esa Superioridad, esta Dirección con fecha 17 del actual comisionó al maestro Rafael J. Tello, en atención a sus méritos y conocimientos sobre la materia para que se hiciera cargo de la Jefatura de la Academia de Nuevas Modalidades Musicales del Conservatorio Nacional de Música, sin perder sus derechos adquiridos como titular de la clase de Composición, debiendo ocupar en esta nueva actividad, el mismo horario de trabajo.

Atentamente.

EL DIRECTOR.

Dr. Adalberto García de Mendoza. -

Rubricado.

CONSERVATORIO NACIONAL DE MUSICA.

DIRECCION.
CORRESPONDENCIA.
197.
VII-I-

Encargándole la Jefatura de la Academia de Estudios Folklóricos del Conservatorio.-

México, D. F., a 27 de enero de 1939.

C. Profesor
MANUEL M. PONCE.

Presente.

Esta Dirección atendiendo a las relevantes cualidades que concurren en usted, ha tenido a bien designarlo para que se haga cargo de la Jefatura de la Academia de Estudios Folklóricos, de este propio Plantel, en lugar del desempeño de la clase de Piano que está actualmente a su cargo, en la inteligencia de que las horas que dedique a la citada Dirección, serán las que ha venido sirviendo semanariamente conforme a su dotación presupuestal.

Al tener la seguridad de que aceptará usted esta comisión, le doy anticipadamente las más expresivas gracias por todo lo que haga en pro de nuestros cantos populares, le ruego encarecidamente informe a esta propia Oficina mensualmente de las actividades que desarrolle en esta nueva comisión y le participo que quedará usted como Titular de su cátedra de Piano en el Plantel, sin perder sus derechos adquiridos en la misma planta.

Atentamente,

EL DIRECTOR.

Dr. Adalberto García de Mendoza.

Rúbrica. -

CONSERVATORIO NACIONAL DE MUSICA.

DIRECCION.
CORRESPONDENCIA.
770
VII-I.

Se le designa para que se haga cargo de la Jefatura de la Academia de Investigación de Nuevas Posibilidades Musicales.

México, D.F., a 17 de abril de 1939.-

Cº. Prof.
Rafael J. Tello.
Presente.

Esta Dirección atendiendo a las relevantes cualidades que concurren en usted, ha tenido a bien designarlo para que se haga cargo de la Jefatura de la Academia de Investigación de Nuevas Posibilidades Musicales, de este propio Plantel, en lugar del desempeño de la clase de Composición que está actualmente a su cargo, en la inteligencia de que las horas que dedique a la citada Dirección serán las que ha venido sirviendo semanariamente conforme a su dotación presupuestal.

Al tener la seguridad de que aceptará usted esta Comisión, le doy anticipadamente las más expresivas gracias por todo lo que haga en pro de los estudios de Composición, en términos generales, le ruego encarecidamente informe a esta propia Oficina mensualmente de las actividades que desarrolle en esta nueva comisión, y le participo que quedará usted como titular de su cátedra en el Plantel, sin perder sus derechos adquiridos en la misma planta; pasando sus alumnos en partes proporcionales a los demás profesores de la materia de este mismo Establecimiento.

Atentamente,

EL DIRECTOR.

Dr. Adalberto García de Mendoza.

Rubricado.

ASUNTO. -Organización de la Academia de Historia y Bibliografía, proponiendo al Dr. Curt Lange, para hacerse cargo de ella.

H. CONSEJO DE PROFESORES Y
ALUMNOS DEL CONSERVATORIO.

Presente.

Tengo el honor de manifestar a ese H. Cuerpo de Profesores que la Dirección de mi cargo, tiene interés especial en que funcionen regularmente las tres Academias de Investigación que establece nuestro Reglamento. Están ya actuando dos de ellas: La de Estudios Folklóricos a cargo del maestro Manuel M. Ponce y la de Nuevas Posibilidades a cargo del maestro Rafael J. Tello. Faltando la actuación de la Academia de Historia y Bibliografía, y encontrándose en México un distinguido y culto musicógrafo, el Dr. Curt Lange, es de una importancia capital el que el citado profesionista se hiciera cargo de dicha Dirección.-

La actuación del Dr. Lange es ampliamente conocida por todos los grupos musicales de la America y de Europa, él ha editado Boletines dedicados a la música de varios países sudamericanos y actualmente viene a encargarse de la edición del Boletín dedicado a la música mexicana. La trascendencia de esta obra para México, es incalculable y sería de gran provecho que el Dr. Lange tuviera por el corto tiempo que vá a estar entre nosotros la Dirección de la Academia de Historia y Bibliografía, con el compromiso de organizarla y dar Conferencias sobre los aspectos de la música americana y las corrientes modernas de Estética y Musicología. Al mismo tiempo encargarse de la organización de una discoteca similar a la establecida por él en Montevideo, Lima, Santiago, Rio, San Paulo, etc.

Como este trabajo requiere remuneración, si se acepta dicha colaboración por parte de este H. Consejo técnico, me dirigiré inmediatamente a la Delegación Sindical de Profesores del Conservatorio, para que ésta a su vez haga las gestiones ante el STERM y Organizaciones similares para pedir una justa retribución a esta labor en favor del Conservatorio y de nuestra Patria, a la Secretaría de Educación Pública.

Atentamente,

EL DIRECTOR.

Dr. Adalberto García de Mendoza. -
(Rúbrica.)

MAESTRO MANUEL M/ PONCE,
JEFE DE LA ACADEMIA DE INVESTIGACIONES
FOLKLORICAS.

MESTRO RAFAEL J. TELLO,
JEFE DE LA ACADEMIA DE INVESTIGACION
DE NUEVAS POSIBILIDADES MUSICALES.--
(actuación del 17 de abril a 12 septiembre del
año de 1939),

DEPENDENCIA   CONSERVATORIO
NACIONAL DE MUSICA.
SECCION   Dirección
MESA   Correspondencia
NUMERO DE OFICIO 223 bis.
EXPEDIENTE   VII-I-

México, D.F. a 2 de febrero de 1939.

Señor Profesor
MANUEL M. PONCE.
Presente.

Estimado y fino amigo: -

Confirmando la plática que tuvimos en días pasados, en la que la manifesté a usted mis deseos de que se dedicara por completo, durante el presente año, a crear música, pues nuestra patria está necesitada de la producción artística de hombres como usted que la honran; me permito comisionarlo para tal objeto, designándolo Jefe de la Academia de Estudios Folklóricos. El propósito de tal designación es el de darle oportunidad para que termine usted algunas obras empezadas hace años, así como para dedicarse a la elaboración de textos de piano, canto coral, etc. que se ajusten a nuestro sentimiento nacional, aprovechando nuestras mejores melodías, y canciones suyas que han tenido el privilegio de considerarse como exquisitas manifestaciones del alma de nuestro pueblo.

Sepa usted, querido maestro, que yo quisiera que con los hombres de genio y talento nuestras autoridades hicieran lo que en mi esfera corta estoy haciendo con usted. ¡Cuantas obras se habrían producido si en lugar de colocar a los maestros, filósofos, científicos, en el banquillo de una clase elemental, al frente de un infelíz escritorio donde se acostumbra repetir un monótono, frio y mediocre trabajo, se hubiera impulsado a estos hombres del saber en el sendero de la producción, con mejores y dignos honorarios!

Espero que reciba con beneplácito este homenaje del amigo y compañero y que al final de año se tenga como nuestra una bella producción artística y a la vez pedagógica para honra del Conservatorio y de México. Tarde o temprano el músico mexicano sabrá dar la obra necesaria para tener señalado el sendero que haga de nuestra juventud un espíritu de belleza y sentimiento patrio.

Con todo afecto.

Atentamente.

EL DIRECTOR.

Dr. Adalberto García de Mendoza. - (Rubricado). -

México, D.F., a 6 de noviembre de 1,939. -

Sr. Director del Conservatorio Nacional
de Música, Dr. Adalberto García de Mendoza.
Ciudad.

En cumplimiento de la comisión que tuvo usted la amabilidad de confirmar "…..para que termine usted algunas obras empezadas hace años, así como para dedicarse a la elaboración de textos de piano, canto coral, etc., que se ajusten a nuestro sentimiento nacional", según se sirve usted expresarme textualmente en su atenta nota fechada el 2 de febrero de 1939, tengo el honor de manifestar a usted que las obras terminadas hasta la fecha y que pongo a la disposición de esa Dirección del Conservatorio Nacional de Música, son las siguientes:

I.-   VEINTE PIEZAS FACILES para piano. (Dedicadas a los niños elementales de esa asignatura). <u>Primera serie</u>. -1. Canción de los tamales. (canto huichol). 2. Danza del Venadito. (Yaqui). 3. Xtolles (Maya). 4. Danza de la lluvia (Huichol). 5. Canción de la Lluvia, (Huichol). 6. Danza de los Tecuanes. 7. Canción Campesina (mestiza).- <u>Segunda serie</u>. 8. Cielito Lindo. 9. Mañanitas. 10. Yo no sé que decir.." (danza popular, 1880). 11. "La pasadita" (canción mexicana, 1848). 12. La Sandunga. 13. Ven oh luna! (canción del Bajío) 14. "Homenaje a Villanueva" (sobre su tercera mazurka).- <u>Tercera Serie</u>. 15. Arrullo popular. 16. La Posada.- 17. La Revolución. 18. La Cucaracha. 19. Primavera. 20 La Patria.-

II.-   SEIS CANCIONES POPULARES. (Canto y Piano) 1. "Palomita".
2. "Jóven Divina". 3. La Peña.- 4. "Que pronto..."
5. China del alma...." 6. "Hace ocho meses..."

III.-   INSTANTANEAS MEXICANAS. (para pequeña orquesta)
1. Canto de la Malinche.- ".Música Yaqui.- 3. "Si algún ser..."
4. "Cielito Lindo.." 5. Baile.

IV.-   IDILIO MEXICANO. (para dos pianos)

V.-   CADENCIAS para el IV Concerto para piano de Beethoven.

VI.-   SEIS POEMAS ARCAICOS. (Textos del Siglo XVI).
1. "Más quiero morir por veros.." 2. Zagaleja del Casar.." 3. "De las Sierras donde vengo..." 4. "Sol, sol, gi, gi". 5. Desciende el valle, niña.." 6. "Tres morillas.."

VII.-   SONATA PARA PIANO. Allegro. Allegretto. Allegro.

VIII.- DOS POEMAS DE E. González Martínez. (Canto y piano)

IX.-   ESTRELLITA.- Arreglo para coro (4 voces)

He escrito, además, numerosos coros e himnos para los Jardines de Niños, de los que, si usted así lo desea, enviaré copia al Conservatorio.

Atenta y cordialmente.

MANUEL M. PONCE.
(Rubricado)

Los suscritos designados por el Sr. Dr. Adalberto García de Mendoza, director del Conservatorio Nacional de Música, Instituto en el que prestamos nuestros servicios como maestros, para estudiar y rendir al informe respectivo acerca de la importante obra realizada por el prestigiado y sabio maestro don Manuel M. Ponce, consistente en una colección de 20 Estudios en forma de piezas fáciles, elaboradas sobre temas de música n nacional, con el mayor placer rendimos en presente informe, haciendo constar lo siguiente:

No sólo consideramos esta colección de pequeñas obras maestras como un posito regalo para el oído, sino que juzgamos que al llevarlas al terreno de la aplicación, sobre todo y de una manera muy especial a la enseñanza dentro de la Sección Prevocacional de nuestro Conservatorio, los resultados que se obtengan habrán de satisfacer plenamente el punto de vista pedagógico, por la forma sencilla de su realización, despertando, a la vez, el sentido de la nacionalidad en la niñez, ya que se va instruyendo desde su iniciación en forma que la haciendo conocer y sentir la belleza de nuestros cantos folklóricos. Además, independeintemente de los méritos que en la obra que nos ocupa encontramos, consideramos un deber hacer notar que es la primera obra que en su género ha sido realizada en México, por lo que estimamos que su divulgación es algo trascendental para la enseñanza musical en nuestro país.

Séanoe permitido, así mismo, tributar un merecido elogio al C. Director del Conservatorio Nacional de Música, Dr. Adalberto García de Mendoza, por haber llevado a cabo su idea de crear obras pedagógicas con espíritu nacionalista, confiando su elaboración a maestros tan reconocidos como Manuel M. Ponce y Silvestre Revueltas, así como impulsar la enseñanza musical de los niños sobre bases científicas y metodológicas propias para la niñez, haciéndola amar a su patria a través de todas las manifestaciones más excelsas del arte.

México, D.F., 30 de septiembre de 1940.

Prof. Manuel Rodríguez Vizcarra.   Prof. J. Jesús Estrada.

Prof. Manuel Barajas G.

Cap V

ORGANIZACIONES

MUSICALES.

Orquestra del Conservatorio.

Silvestre Revueltas

Jesús Reyes.

Juán León Mariscal

ORQUESTA

DEL

CONSERVATORIO.

9.- ORGANIZACIONES MUSICALES.

LA ORQUESTA, EL CORO, LOS GRUPOS DE CAMARA PARA INSTRUMENTOS, CANTO Y CONJUNTOS DE OPERA.

PROEMIO.

La atención que se le ha dado a la orquesta de alumnos, al coro, a los grupos de cámara de instrumentos y a los grupos de ópera, ha sido a base de sacrificios y en una situación verdaderamente difícil. Es una de las preocupaciones de la actual Dirección el aumentar el presupuesto para estos grupos, con el objeto de que se pueda establecer una actividad disciplinaria y ajustada a programas perfectamente delineados. Es por ello por lo que en el proyecto de presupuesto se incluye 60 plazas para elementos de la orquesta, 85 plazas para el coro, 12 plazas para conjuntos de cámara instrumental y 15 plazas para conjuntos de ópera.

La orquesta estará compuesta de dos clases de alumnos: los ya aprobados en sus prácticas de orquesta, (prácticas que durarán dos años) y que tienen derecho a una plaza de las ya mencionadas, y los practicantes que deberán ser todos los alumnos que de quinto año en adelante estudien en el Conservatorio instrumentos de orquesta. Estos alumnos no recibirán honorarios, pero sí tienen la posibilidad de adquirir una vacante si sus prácticas y sus exámenes han sido suficientemente aprobatorios. Como una regla general se establece que todo alumno de quinto año en adelante en instrumentos de orquesta no podrá presentar examen de su materia principal sinó ha realizado la práctica correspondiente en la orquesta, además de haber sido aprobado en el examen correspondiente.

En lo que se refiere al coro, la dirección ha pedido el aumento en sus salarios y además el ajustar sus actividades a programas anuales perfectamente meditados y de seriedad artística. Se ha evitado a todo trance que el coro sea empleado en festivales de cualquiera índole y es por eso que se le ha exigido un plan anual de actividades al cual se ajustará estrictamente. Sobre esta conducta de la Dirección obran documentos demasiado elocuentes en que se ha manifestado la oposición de manera terminante.

Tanto el coro como la orquesta, los conjuntos de cámara como los de ópera, podrán actuar fuera del Conservatorio en conciertos privados (siempre con la anuencia de la Dirección del plantel), cuando se les pague lo que debidamente merecen por su trabajo. Ya sobre este particular se han dado facultades a la Sección de Divulgación Artística del propio Conservatorio (dependencia recientemente creada) para que logre las mejores ventajas económicas y artísticas en dichas actuaciones.

La Música de Cámara para instrumentos y especialmente para Cuarteto Clásico de instrumentos de cuerda, debe ser suficientemente impulsada. Hay el defecto de establecer dentro de la clase de violín la enseñanza de los conjuntos de cámara, estando imposibilitados los profesores, por falta de tiempo, de impartir las dos enseñanzas debidamente. En el programa de las actividades de 1940 las dos clases se diferencian por completo. Quiere la actual Dirección darle toda la importancia que merece esta actividad ya que por lo que respecta a música para instrumentos nada llena las condiciones de perfección e integridad, como el Cuarteto para instrumentos de cuerda.

Los conjuntos de ópera también requieren la debida atención, señalándose dos corrientes: la de la ópera con todas las variantes que ofrecen de superación hasta el presente y la llamada ópera de cámara en que, por su reducido número de cantantes y de miembros de orquesta así como por el manejo escenográfico, corta duración y nuevos motivos ofrece la particularidad de poder manejarse sus intérpretes con mayor libertad y hacer jiras con posibilidades económicas ventajosas. Este último aspecto ha sido encomendado al profesor Franz Steiner, quien ha iniciado su labor llevando a escena "la Flauta Encantada" de Mozart, dentro de los cánones de ópera de cámara.

Las actividades de todos estos grupos pueden extenderse indudablemente a toda la República por medio de jiras periódicas de gran provecho para la cultura del país. Sobre este particular ya se tienen arreglos especiales con Sociedades y Empresas en Monterrey, Yucatán y otros lugares de la República.

Por último, la creación de grupos de Madrigalistas es algo indispensable. Estos actuarán en número de seis con las voces conocidas, tres del sector femenino y tres del sector masculino. Se pondrán obras de madrigalistas clásicos de los Siglos XVI y XVII y correspondientes a las famosas escuelas de Inglaterra, Francia, Italia y España; pero sobre todo, se le dará interés especial al tipo Madrigal de la canción mexicana.

Deberán actuar estos grupos al rededor de una mesa con sus papeles respectivos, como si la ejecución fuera en todo un aspecto familiar y podrán llevar los trajes característicos de las épocas y de los países a que el Madrigal se refiera.

La belleza de esta manifestación pupular, puede complementarse con la actuación de cantantes de Lieder, que constituyen el sentimiento más profundo de los pueblos esencialmente musicales y una de las manifestaciónes romántica y clásica del más pulido arte musical.

En cuanto a la ópera se le impulsará debidamente dando a conocer aquellas obras que, por la calidad en el manejo de sus voces o por su estructura esencialmente colectiva favorezcan un mejor entendimiento musical en las clases populares. Nada es más interesante que la técnica de la ópera rusa en que las voces aisladas ocupan un segundo lugar y los coros tienen importancia definitiva. Muchas obras de gran valor en el campo artístico no se les ha representado en nuestra patria, el "Don Juan" de Mozart, el "Falstaff" de Verdi, el "Gentil Hombre" de Ricardo Strauss y la más variada y amplia creación de ópera moderna en Italia, Francia, Alemania, Inglaterra y Estados Unidos y, dentro y, dentro del género chico, de España, deben ser justamente estimadas en nuestro país.

Para lograr todo este intento se requiere esfuerzo, buena voluntad y sobre todo comprensión de parte de las autoridades para notar que la más amplia revolución se opera, después de satisfacer las exigencias primarias de la vida, en el campo del arte, como manifestación purísima y efectiva de la cultura.

Dr. Adalberto García de Mendoza.
(Rúbrica.)

ORQUESTA DEL CONSERVATORIO NACIONAL DE MUSICA.

Director titular: Prof. Silvestre Revueltas.

Directores Alumnos: Jesús Reyes y Abel Eisenberg.

PERSONAL DE LA ORQUESTA:

VIOLINES PRIMEROS:

Luis Revelo
Luis Guzmán
Alfonso Jiménez
Agustin García
Isaac Ivker
Luis Martínez
Benjamín Cuervo
Ricardo López
Marcelino Ponce
Inocencio Cervantes

VIOLINES SEGUNDOS:

Francisco Contreras
Juan José Osorio
Mauricio Reyna
Othon F. Zarate
Enrique Pastor G.
Margarita Alvarado
Jorge Juárez
Jesús Velazquez
Daniel de los Santos
Jesus Rosete
Martiniano Valverde
Sergio Ruiz

VIOLAS

Abel Eisemberg
Alfredo Cárdenas
Esteban Orozco
Julio Escobedo
Fernando Jordán
Jesús Mendoza

Miguel Macias
Rogerio Burgos

CELLOS:

Manuel Garnica
José López Flores
Fernando Burgos
Alberto Burgos
Luis Galindo
Tirso Rivera Jr.
Guillermo Argote
Tirso Rivera Sr.

CONTRABAJOS:

Cruz Garnica
J. Luis Hernández
Isaias Mejía
Alberto Banda
Braulio Robledo
Antonio Fernández
León Ramírez
Alberto Torres.

FLAUTAS:

Silvestre Mayorga
Armando Sánchez.

CLARINETES:

Carlos Chiñas
Felix Bustamante

Oboes:

Jesús Tapia
Miguel Ruíz.

FAGOTS:

Gregorio Vargas
Pablo Gonzales.

CORNO INGLES:

Pedro Moncada.

CORNOS:

Agustín Martinez
José Ma. Rojas
Pedro Trejo
Cecilio Torres.

TROMPETAS:

Carlos Gómez
Raúl Villegas
Miguel A. Calderón.

TROMBONES:

Jesús García
Fernando Rivas,
Felipe Escoria

TUBA:

Rosendo Aguirre.

TIMBALES:

Miguel Lara.

PERCUCIONES:

José Peña F.
Alberto Montero.

CORO DEL

CONSERVATORIO.

PERSONAL DE CORO DEL CONSERVATORIO NACIONAL DE MUSICA.

Sebastiana Ahedo	Soprano.
Ma. Teressa Avila	Soprano.
Alicia Ancona	Soprano.
Victoria Aguilar	Soprano.
Beatriz Basurto	Soprano.
Guadalupe Bañuelos	Soprano.
Ana María Castillo	Soprano.
Ma. del Carmen Corona	Soprano.
Guadalupe Castro	Soprano.
Aurora Chávez	Soprano.
Guadalupe García	Soprano.
Elvira Guevara	Soprano.
Teresa Hernández Moncada	Soprano.
Ma. de la Luz Castillo	J.Soprano.
Luz Martinez C.	Soprano.
Ana Ma. Madrigal	Soprano.
Luz María Piña	Soprano.
Luz María Prieto	Soprano.
Carmen Redondo	Soprano.
María Rhi	Soprano.
Isabel Romero	Soprano.
Esperanza Rosales	Soprano.
Adela de Silva	Soprano.
Celedonia Torres	Soprano.
Edna Torres P.	Mezzo soprano.
Agueda de Avila	Mezzo soprano.
Ma. del Carmen Baca	Contralto.
Abigail Borbolla	Contralto.
Ma. Teresa Chemin	Mezzo soprano.
Carolina Dauden	Contralto.
Carmen Díaz	Contralto.
Lucina Gómez	Contralto.
Beatriz Aguilar	Mezzo soprano.
Clementina González	Contralto.
Esperanza González	Mezzo soprano.
María Gonzalez	Contralto.
Burinilda von Kittz	Contralto.
Lucina Vázquez	Contralto.

Eloísa Maceda	Mezzo soprano.
Concepción de los Santos	Mezzo soprano.
Cruz Ma. Vega de la R.	Contralto.
Andrés Almarás	Tenor.
Filiberto Aimarás	Tenor.
José R. Avila	Tenor.
Jesús Ferrer.	Tenor.
Ignacio Guerrero	Tenor.
Gregorio Guerrero	Tenor.
Humberto Gómez	Tenor.
Manuel González	Tenor.
Rosalío Gutiérrez	Tenor.
Felix Legorreta	Tenor.
Luis G. Moncada	Tenor.
Carlos Munguía	Tenor.
Gregorio Montoya	Tenor.
Felipe Peralta.	Tenor.
Fernanda Ramos	Tenor.
José Rodríguez Rios	Tenor.
Carlos Segardinaga	Tenor.
Roberto Salas	Tenor.
José Y. Sánchez	Tenor.
Pedro Yañez S.	Tenor.
Felipe Aguilar	Barítono.
Sigfredo Carbajal	Barítono.
Pioquinto Centeno	Barítono.
Ernesto Fernández	Barítono.
Salomé González	Barítono.
Teodoro Gutiérrez	Barítono.
Eduardo Lejarazu	Barítono.
Federico R. Martinez	Barítono.
Próspero Ponce	Barítono.
Tomás Rodríguez S.	Barítono.
Gilberto Vázquez	Barítono.
Francisco Alonso	Bajo.
Enrique Archundia	Bajo.
José Corral.	Bajo.

Elfago de la Vega.	Bajo.
Ernesto Farfán	Bajo.
Pedro Garnica	Bajo.
Anastasio Guerrero	Bajo.
Francisco Luna M.	Bajo.
Ernesto Navarro Castillo	Bajo.
Luis Ramirez	Bajo.
Francisco Ruiz	Bajo.

CUARTETOS.

ACUERDO

RELACIONADO SOBRE LA ACEPTACION DE LOS CUARTETOS RUBALCABA Y QUIRARTE COMO INSTITUCIONES DEPENDIENTES DEL CONSERVATORIO NACIONAL.

ooo

Tomando en cuenta las peticiones que formularon los integrantes de los Cuartetos Ruvalcaba y Quirarte por conducto de la Dirección del Plantel para formar parte del propio Conservatorio, este H. Consejo ha tenido a bien formular el siguiente

ACUERDO:-

"Es de aceptarse y así se hace la anexión de los Cuartetos de Cuerda "Ruvalcaba" y "Quirarte" al Conservatorio Nacional de Música, como grupos de Música de Cámara.

Comuníqueseles a dichos Cuartetos la aceptación, para que formulen sus programas respectivos, agradeciendo a la Dirección el empeño que ha tenido de reforzar las actividades musicales del Conservatorio con la anuencia y el desinterés de agrupaciones de prestigio, como son los que se mencionan"

México, D.F. a   de   de 1,939.

El Presidente del H. Consejo.

Dr. Adalberto García de Mendoza.

DEPENDENCIA CONSERVATORIO
NACIONAL DE MUSICA.

SECCION   Dirección
MESA   Correspondencia
NUMERO DE OFICIO   989.
EXPEDIENTE   VII-I -

ASUNTO   Que el "Cuarteto Ruvalcaba"
         dependerá del
         Conservatorio Nacional.

México, D.F., a 11 de mayo de 1939.

Al H. Consejo de Profesores y Alumnos
del Conservatorio Nacional de Música.

Presente.

Con el objeto de que este Conservatorio Nacional de Música cuente entre sus agrupaciones con elementos de música de cámara, esta Dirección ha hecho gestiones con varios Cuartetos de Cuerda para tal objeto, respondiendo a esta invitación el "CUARTETO RUVALCABA", el que actuará como organismo dependiente del Conservatorio en forma honoraria. Pongo en conocimiento de ese H. Consejo de Profesores y Alumnos tal situación a fín de que se sirva darme su aquiescencia para contar entre nosotros a dicho Cuarteto, en la inteligencia de que, cuando las condiciones del Erario lo permitan, esta propia Dirección hará las gestiones conducentes ante la Delegación Sindical de Profesores del Plantel, para que se le asigne a ese Cuarteto una remuneración justa por sus actividades.

Atentamente.

EL DIRECTOR.

Dr. Adalberto García de Mendoza.

Rubricado. -

DEPENDENCIA CONSERVATORIO NACIONAL DE

MUSICA.

SECCION   DIRECCION.

MESA   Correspondencia.
NUMERO DE OFICIO   1066.
EXPEDIENTE   VII-I-

ASUNTO: Cuarteto fué aceptado como dependiente del Conservatorio.

México, D.F., a 18 de mayo de 1939.

A los señores componentes del
"CUARTETO RUVALCABA"
Peña y Peña # 80.

Ciudad.-

El H. Consejo de Profesores y Alumnos de este Conservatorio Nacional de Música, en su sesión de ayer, aprobó y aceptó las gestiones iniciadas por el subscripto, a fín de que ese Cuarteto de Cuerda pase a figurar como dependiente del propio Conservatorio, en forma honoraria.

Por lo tanto, he de agradecer a ustedes se sirvan ponerse en contacto con esta Dirección, con el objeto de formular los programas respectivos, así oomo el Plan general de trabajo que se propone desarrollar esa Agrupación Orquestal en el transcurso del año.

Al expresar a ustedes oon toda satisfacción esta noticia, les protesto las seguridades de mi atenta y distinguida consideración.

El Director.

Dr. Adalberto García de Mendoza. -

Rubricado. -

México, D. F. a 16 do mayo de 1939. -

Al Ciudadano Director
del Conservatorio Nacional de Música.

Presente.

Los subscriptos, miembros del Cuarteto Clásico denominado provisionalmente "CUARTETO QUIRARTE", solicitan de usted que este conjunto sea incorporado como institución dependiente del Conservatorio Nacional de Música.

Manifestamos a usted, en apoyo de nuestra solicitud, que hemos sido alumnos del Conservatorio; que nuestra Agrupación viene actuando desde el año de 1936; que hemos tomado parte en varios actos culturales de ese plantel, según programas y testimonios que mostramos a usted hace pocos días, y que nos anima el deseo de seguir haciendo labor artística aun más intensa y que pueda ser de prestigio para el Establecimiento que es a su digno cargo.

Atentamente.

César Quirarte.   Luis Sosa.

Alfredo Cárdenas.   Guillermo Argote.

Rubricados. -

DEPENDENCIA CONSERVATORIO NACIONAL
DE MUSICA.

SECCION   DIRECCION.
MESA   Correspondencia.
NUMERO DE OFICIO   989.
EXPEDIENTE   VII-I-

ASUNTO: -Que el CUARTETO RUVALCABA –
          dependerá de este Conservatorio
          Nacional.

México, D.F., a 11 de mayo de 1939.

Al H. CONSEJO DE PROFESORES y
ALUMNOS DEL CONSERVATORIO NACIONAL DE MUSICA.
Presente.

    Con el objeto de que este Conservatorio Nacional de Música cuente entre sus agrupaciones con elementos de música de cámara, esta Dirección ha hecho gestiones con varios Cuartetos de Cuerda para tal objeto, respondiendo a esta invitación el "Cuarteto Ruvalcaba", el que actuará como organismo dependiente del Conservatorio en forma honoraria. Pongo en conocimiento de ese H. Consejo de Profesores y Alumnos tal situación a fín de que se sirva darme su aquiescencia para contar entre nosotros a dicho Cuarteto, en la inteligencia de que, cuando las condiciones del Erario lo permitan, esta propia Dirección hará las gestiones conducentes ante la Delegación Sindical de Profesores del Plantel, para que se le asigne a ese Cuarteto una remuneración justa por sus actividades.

Atentamente.

EL DIRECTOR.

Dr. Adalberto García de Mendoza.

Rubricado. -

GRUPOS

DE

CANTORES CLASICOS

MEXICANOS

ACUERDO
RELACIONADO CON LA CREACIÓNDEL GRUPO DE CANTONES CLASICOS MEXICANOS.

o o o o

Tomando en cuenta la petición de la Dirección del Conservatorio Nacional de Música consistente en la creación de un grupo de Cantores Clásicos Mexicanos este H. Consejo ha tenido a bien formular el siguiente

ACUERDO: -

Se faculta a la Dirección del Plantel para organizar un grupo de Cantantes llamado "Cantores Clásicos Mexicanos", integrado por seis personas, tres voces femeninas y tres voces masculinas, con el objeto de dar a conocer principalmente el Folklore Nacional debidamente seleccionado. Dicha actividad se llevará a cabo tomando en cuenta el modelo de los Cantores de Madrigales, es decir, actuando con los trajes característicos de la región de que se trate.

Lo mismo que las demás instituciones dependientes del Conservatorio, pueden celebrar contrato por conducto de la Oficina de Divulgación Artística con empresas al objeto, siempre que la Dirección y el H. Consejo del Conservatorio los apruebe favorablemente.

México, D.F. 1939.

EL PRESIDENTE DEL CONSEJO.

Dr. Adalberto García de Mendoza. -

Rúbrica. -

CONJUNTOS

DE

OPERA.

EL HONORABLE CONSEJO DE PROFESORES Y ALUMNOS DEL CONSERVATORIO NACIONAL DE MUSICA en vista de las facultades que se le han conferido como legítimo representante de todos los elementos de la institución, formula y pone en vigor el siguiente ACUERDO relativo a la formación de dos CUADROS DE OPERA, uno de ellos de cámara, a cargo del Profesor Franz Steiner.

DEPENDENCIA CONSERVATORIO NACIONA
DE MUSICA.

SECCION DIRECCION.
MESA Correspondencia.
EXPEDIENTE VII-I-

ASUNTO: Proponiendo la formación de un Cuerpo de Opera.

México, D.F., a 26 de abril de 1939.

Al H. CONSEJO DE PROFESORES Y ALUMNOS
DEL CONSERVATORIO NACIONAL DE MUSICA.

Presente.

Entre las actividades que faltan por organizar en este Conservatorio Nacional de Música, se halla la de organizar un Cuerpo de Opera que venga a satisfacer una de las principales necesidades de los cantantes que hacen sus estudios en el Plantel; y para el caso, me permito someter al recto criterio del H. Consejo de Profesores y Alumnos, el siguiente proyecto de resolución: -

"Intégrese un grupo de cantantes para la formación de un Cuerpo de Opera con dos secciones: una para fomentar la Opera de tipo tradicional y la otra para establecer los grupos de Opera de Cámara. Estas dos Agrupaciones podrán realizar más tarde, por conducto de la Dirección del Conservatorio, contratos con empresas e instituciones que se comprometan a sostener temporadas en la Capital o en los Estados"

Atentamente.

EL DIRECTOR.

Dr. Adalberto García de Mendoza.

CELEBRE MAESTRO DE CANTO VIENE A MEXICO.

- - - - - - - - - - -

Tomado este artículo de El Universal,
periódico del 25 de junio de 1939.

Una celebridad mundial del canto, el maestro Franz Steiner que fuera hace algunos años el más destacado exponente del "lied" alemán, y que actuó en todos los grandes teatros de Conciertos y Opera del mundo, incluyendo el Metropolitan de Nueva York, vendrá a México dentro de pocos días con el fín de sustentar importante curso de canto en el Conservatorio Nacional de Música.

Franz Steiner se retiró hace algunos años de la vida de concertista y cantante de opera y se dedicó a la enseñanza, habiendo sustentado las clases para Maestro del Conservatorio de Viena, en donde tuvo bajo su guía a muchos cantantes que hoy se han elevado a la celebridad mundial.

Steiner hizo numerosas giras por toda Europa con el célebre compositor y director alemán Ricardo Strauss, quien considera al artista vienés como el más destacado intérprete de sus "lieder". En su larga carrera de concertista, Steiner actuó la batuta de los más grandes directores de orquesta, incluyéndose Ricardo Strauss, Arturo Nikish, Bruno Walter, Wilhelm Furtwaengler, Willem Melgelberg, Mascagni y otros muchos. -

El Gobierno de Austria confirió a este eminente artista el título honorífico de "Kammersaenger" y le confió una de las clases más importantes del Conservatorio de Viena. El profesor Steiner se vió obligado a dejar su país en virtud de los acontecimientos políticos, habiéndose transladado a los Estados Unidos, desde donde vendrá a esta ciudad, invitado por nuestro primer plantel musical.- La presencia en México de tan eminente maestro, será altamente beneficiosa para nuestros jóvenes cantantes, quienes tendrán ocasión de escuchar los consejos de este admirable intérprete del "lied" alemán y de la opera. -

- - - - - - - - - - -

DEPENDENCIA CONSERVATORIO NACIONAL
DE MUSICA.

SECCION DIRECCION.
MESA Correspondencia.
NUMERO DE OFICIO 1349.
EXPEDIENTE VII-I-

ASUNTO: Propone la formación de un Grupo de
"CANTORES CLASICOS
MEXICANOS"

México, D.F., a 29 de junio de 1939.

H. CONSEJO DE PROFESORES
Y ALUMNOS DEL CONSERVATORIO.
Presente.

Tengo la honra de someter a la aprobación de V.H. la siguiente iniciativa, tendiente a cumplimentar uno de los propósitos que animan a esta Dirección, en beneficio del Conservatorio Nacional de Música.

"Establézcase un Sexteto denominado "CANTORES CLASICOS MEXICANOS" integrado por un Tenor, un Berítono, un Bajo, una Soprano, una Mezzo y una Contralto, que pueda presentarse con trajes especiales y ejecutar algunas obras polifónicas europeas de caracter profano del siglo XVI, especialmente Madrigales Italianos, franceses, ingleses y españoles.- Al frente de este grupo estará el señor profesor Jesús Bal, Licenciado en Letras de la Universidad de Santiago, España, quien ha trabajado en esta clase de actividades en el Centro de Estudios Históricos de Madrid, con especialidad en el folklore y música española, siendo autor de las obras "Hacia el ballet gallego" "Folklore Musical de Medide" y "Treinta Canciones de Lope de Vega".-

Tengo la certeza de que el señor Profesor Bal llevará acabo una labor de provecho para los estudiantes de Canto y en general a todo el plantel, presentando por primera vez en México un espectáculo de esta naturaleza, frecuente ya en toda Europa.

Atentamente.

EL DIRECTOR.

Dr. Adalberto García de Mendoza. -

CAP. VI

ACUERDOS

DEL

CONSEJO

EL HONORABLE CONSEJO DE PROFESORES Y ALUMNOS DEL CONSERVATORIO NACIONAL DE MUSICA en vista de las facultades que se le han conferido como legítimo representante de todos los elementos de la institución formula y pone en vigor el siguiente ACUERDO relativo a la actuación de los alumnos fuera del plantel en audiciones públicas.

ACUERDO RELATIVO A LA ACTUACION EN PUBLICO DE LOS ALUMNOS DEL PLANTEL.

CONSIDERANDO QUE EL BUEN NOMBRE del Conservatorio solo debe establecerse por una labor coordinada de sus dirigentes, profesores y alumnos y esta se manifiesta tanto en público como en privado;

CONSIDERANDO que es una práctica seguida por todos los Conservatorios del mundo el controlar la actuación de los estudiantes fuera del plantel para garantizar el buen nombre del mismo y para que su trabajo sea debidamente reconocido;

CONSIDERANDO que para que el Conservatorio esté suficientemente garantizado es necesario que la Dirección formule los permisos correspondientes de acuerdo con los profesores que el alumno o alumnos que se presenten en público;

Es de resolverse y se resuelve el siguiente

ACUERDO:

Todo alumno del Conservatorio Nacional de Música para actuar en audiciones públicas debe recabar el permiso consiguiente de la Direccion del Plantel, la cual para otorgarlo consultará la opinión de los maestros responsabilizados.

La sanción que se impone a los alumnos que contravengan este acuerdo, por primera vez, será de un mes de suspensión como alumno y la reincidencia dará lugar a decretar la expulsión definitiva.

A los alumnos a quienes se de el permiso correspondiente, deben exigir que en los programas o anuncios se especifique, con toda claridad, que son alumnos del Conservatorio Nacional de Música, lo que garantiza su actuación ante el público y prestigiará al propio Conservatorio.

México, D. F., marzo

El Presidente del H. Consejo.

Dr. Adalberto García de Mendoza.

EL HONORABLE CONSEJO DE PROFESORES Y ALUMNOS DEL CONSERVATORIO NACIONAL DE MUSICA en vista de las facultades que se le han conferido como legítimo representante de todos los elementos de la institución, formula y pone en vigor el siguiente ACUERDO relativo a las AUDICIONES de comprobación educacional, privadas y públicas de fin de año.

CARACTERES DEL ACUERDO RELATIVO A LAS AUDICIONES DE COMPROBACION EDUCACIONAL.

CONSIDERANDO que las pruebas de fin de año de las diversas materias requiere para conservar el buen nombre de la Institución;

Es de resolverse que se formule un Acuerdo que contendrá los puntos propuestos por la Dirección y que a continuación se expresan:

Deben realizarse pruebas de comprobación educacional en el propio Conservatorio, con carácter privado, con el objeto de escoger aquellas que deban repetirse en público.

Las segundas pruebas deberán realizarse dentro de un ambiente de solemnidad propio del caso y, por lo tanto, en local apropiado; intercalándose pequeñas conferencias disertacionas por alumnos de las materias académicas, así como alocuciones sobre tópicos musicales en idioma extranjero por los alumnos de estas asignaturas, procurando hacer sintéticamente, cuando estime prudente la versión al cas llano de lo dicho en idioma extranjero.

México, D. F.,

El Presidente del Consejo.

Dr. Adalberto García de Mendoza.

EL H. CONSEJO DE PROFESORES Y ALUMNOS DEL CONSERVATORIO NACIONAL DE MUSICA, en uso de sus facultades y como legítimo representante de todos los elementos que componen esta Institución, formula el siguiente ACUERDO relacionado con la creación de DOS GRUPOS DE OPERA, a cargo respectivamente, de los profesores honorarios Luis G. Saldaña y Franz Steiner en los términos y condiciones expresados en el mismo punto resolutivo. -

ACUERDO
SOBRE LA CREACION DE LOS DOS CUADROS DE OPERA.
-o-o-

Tomando en cuenta la petición de la Dirección del Conservatorio Nacional de Música consistente en la creación de dos grupos de Opera, uno dedicado a la ópera en general y el otro a la ópera de cámara, ambos grupos a cargo de los señores Profesores honorarios Luis G. Saldaña y Franz Steiner, este H. Consejo ha tenido a bien formular el siguiente

ACUERDO:-

"Se faculta a la Dirección del Plantel para organizar dos grupos de Opera. El primero, dedicado a la ópera en general, estará a cargo del señor Profesor Luis G. Saldaña y podrá contar de quince a veinte solistas con la creación de los coros correspondientes; el segundo a cargo del señor Profesor Franz Steiner, dedicado a la ópera de Cámara con la contribución de diez a quince solistas y un número proporcionado de elementos integrantes del Coro. Ambas agrupaciones actuarán de acuerdo con la Orquesta de Alumnos del Conservatorio y podrán celebrar contratos con las empresas que lo soliciten en la Capital o en los Estados de la República, realizando esta contratación de acuerdo con la Dirección del Plantel y con la aprobación del H. Consejo de Profesores y Alumnos del Conservatorio Nacional de Música." -

México, D.F. 1939.

EL PRESIDENTE DEL CONSEJO.

Dr. Adalberto García de Mendoza. -

(Rubricado).

EL HONORABLE CONSEJO DE PROFESORES Y ALUMNOS DEL CONSERVATORIO NACIONAL DE MUSICA en vista de las facultades que se le han conferido como legítimo representante de todos los elementos de la institución formula y pone en vigor el siguiente REGLAMENTO relativo a las relaciones del Conservatorio con las Academias particulares de Música.

ANTECEDENTES DEL DECRETO RELATIVO A LAS RELACIONES DEL CONSERVATORIO NACIONAL DE MUSICA CON LAS ACADEMIAS PARTICULARES.

CONSIDERANDO, como expresa la Dirección, que una de las irregularidades que presentan los alumnos en sus estudios en el Conservatorio Nacional de Música consiste en que, al ser admitidos en el mismo cuando llegan de academias particulares, solo demuestran un adelanto notorio en la materia instrumental o vocal (piano, violín, canto, etc.,) y no así en las materias relacionadas con la Teoría Musical, el Solfeo, Idiomas y Materias Académicas, señalándose por este caso un desequilibro al cursar años superiores en una asignatura y años de notoria inferioridad en otras;

CONSIDERANDO que debe existir una coordinación de labores entre el Conservatorio y las Academias particulares de Música, ya que ambos persiguen los mismos fines dentro de la cultura musical;

CONSIDERANDO QUE EL CONSERVATORIO por ser una dependencia oficial y, por tener inscritos más de setecientos alumnos puede contar con profesores especializados para todas las disciplinas que fija su Plan de Estudios, cosa que las Academias no pueden hacerlo por el reducido número de alumnos en comparación con el Conservatorio y por las condiciones económicas en que actúan;

El Conservatorio Nacional de Música acepta la siguiente determinación:

Formúlese un Decreto en el que se establezca las reglas necesarias para que los alumnos de las Academias Particulares puedan cursar las asignaturas que en dichas Academias no se den, exceptuándolos de la obligación de estudiar la materia básica de la Academia con profesor del Conservatorio;

Establézcase en el mismo Reglamento la distinción, en cuanto a estas relaciones, de dos clases de Academias: Primero, las adscritas que admitirán en sus reconocimientos trimestrales y finales a un si nodal del Conservatorio, lo que equivale a la legalización y revalidación de dichos estudios, y segundo, las Academias que no aceptando estas condiciones, en cambio se comprometen a presentar a sus alumnos cuando éstos quieran ingresar al Conservatorio, en exámenes a título de suficiencia de la materia fundamental, cursada en dichas Academias.

Si las Academias tienen profesorado para las diversas asignaturas que establece el Conservatorio, el propio Profesorado debe ser reconocido por éste siempre que reuna las condiciones de capacidad y práctica magisterial que el mismo Conservatorio haga valer

Unicamente serán admitidas aquellas Academias cuyos directores y profesores sean reconocidos como suficientemente capaces para impartir su enseñanza, por parte del H. Consejo de Profesores y Alumnos del Conservatorio Nacional de Música;

Esta reglamentación solo será aplicable para aquello-s alumnos de las Academias que deseen continuar en el Conservatorio sus estudios o recibir un título oficial, beneficioso para el caso de que se reglamente el Artículo Cuarto Constitucional;

No debe señalarse en dicha reglamentación ningún carácter de subordinación de dichas Academias al Conservatorio Nacional de Música, pues se trata de hacer una labor coordinada y las Academias quedan en la más completa libertad de extender sus Títulos respectivos y de aprovechar o no la contribución que el Conservatorio les ofrece.

México, D. F., 1939.
El Presidente del H. Consejo.
Dr. Adalberto García de Mendoza.

DEPENDENCIA CONSERVATORIO
NACIONAL DE MUSICA.

SECCION   DIRECCION.
MESA   Correspondencia.
EXPEDIENTE VII-I-

ASUTNO: Propone se reglamente la admisión de alumnos provenientes de Academias e Institutos particulares.

México, D.F., a 26 de abril de 1939. -

H. CONSEJO DE PROFESORES
Y ALUMNOS DEL CONSERVATORIO.

Presente.

Deseosa la Dirección de este Conservatorio a mi cargo establecer facilidades para toda clase de estudiantes de música, que en Academias e Institutos particulares siguen sus estudios, especialmente de aquellos Establecimientos di rigidos por elementos graduados en nuestro Plantel, he creído conveniente que el H. Consejo de Profesores y Alumnos a pruebe la expedición de una reglamentación encaminada a establecer este beneficio, nombrándose una Comisión de profesores que dictamine sobre este particular.

Por lo expuesto, someto al ilustrado juicio de la Asamblea, el siguiente proyecto de acuerdo:

"Reglaméntese la admisión de los alumnos de Acádemias e Institutos particulares, estableciendo el Conservatorio relaciones con las mismas, de tal manera que sus alumnos puedan concurrir al Conservatorio para aquellos cursos complementarios al instrumento o canto que se impartan, y de esta manera no vernos en la anomalía de tener alumnos de años superiores en instrumento o canto, sin haber pagado los años de Solfeo y otras materias elementales."

Atentamente.

EL DIRECTOR.

Dr. Adalberto Oarcía de Mendoza. -

Rubricado.

REGLAMENTO
SOBRE LAS RELACIONES -
ENTRE EL CONSERVATORIO
NACIONAL Y LAS ACADEMIAS
PARTICULARES DE MUSICA.

REGLAMENTO

SOBRE LAS RELACIONES ENTRE EL CONSERVATORIO NACIONAL Y LAS

ACADEMIAS PARTICULARES DE MUSICA. -

Deseoso el Conservatorio de establecer relaciones estrechas y cordiales con las Academias Particulares de Música, y con el fín de contribuir a la depuración del ambiente artístico general, sea crea el presente Reglamento que tiene como objeto dar facilidades a todos los estudiantes de música para ampliar y complementar sus conocimientos, tomando en consideración que la mayoría de las Academias Particulares son especialistas y que se constriñen a impartir la enseñanza propia de la materia a la que se dedican.

Para el efecto, el Conservatorio Nacional de Música abre sus puertas y da todo género de facilidades a aquellos estudiantes que deseen ampliar y complementar sus conocimientos musicales, y para tal fín formula el siguiente

REGLAMENTO:

Art. 1º.-Para ingresar a cursar en el Conservatorio cualquiera de las cátedras impartidas por el mismo, es requisito indispensable presentar certificado de enseñanza primaria superior.-

Art. 2º.-Cubriendo las cuotas que el Reglamento del Plantel establece, el solicitante podrá cursar tantas materias cuantas le permita un ordenamiento razonado y progresivo.

Art. 3º.-Estos elementos gozarán de idénticos derechos y prerrogativas de los que disfrutan los alumnos del Plantel; y en cuanto a obligaciones, tendrán las mismas, salvo la de concurrir a la clase de la materia principal, ya que se supone habrán de seguir como alumnos de sus respectivas Academias.

Art. 4-º.-Aquellas personas que hayan realizado el estudio especial de determinada materia fuera del Conservatorio, pero que se hayan apegado al programa oficial respectivo, se les otorga la facilidad de solicitar examen a título de suficiencia, el cual, llenados los requisitos previos que el Reglamento fija, le será concedido.

Art. 5º.-Para sustentar examen de materias principales, no importa el año de que se trate, es requisito indispensable presentar examen previo de todas las materias complementarias que el programa oficial señala para cada curso en particular.

Art. 6º.-No se autorizará el examen de un año determinado de materia principal, sin que el sustentante se someta a la necesaria prueba de comprobación para demostrar que conoce y domina el material que el programa oficial fija para los años anteriores a aquél que el sustentante desee presentar.

Art. 7º. Cuando un alumno particular desee presentar examen a título de suficiencia de cualquiera materia académica aislada, el Conservatorio, llenados los requisitos reglamentarios vigentes y, pasada la prueba relativa con aprobación le expedirá la boleta correspondiente.

Art. 8º.-Son de revalidarse los estudios hechos fuera del Plantel, siempre que - las Academias Particulares se ajusten al programa oficial, y las mismas hayan quedado adscriptas al Conservatorio, en cuyo caso se supervisará su labor conforme lo determine el Reglamento respectivo, debiendo recibir la visita trimestral de inspección que un Profesor de Conservatorio realizará con el carácter de Sinodál, para calificar a los alumnos.- En tal caso, los reconocimientos de fín de curso serán presentados por los alumnos particulares en el Conservatorio ante un Jurado compuesto por tres profesores del mismo.-

Art. 9º.-Cuando un estudiante particular haya concluído en el Conservatorio el estudio de las materias complementarias estipuladas para determinada carrera, puede solicitar examen a título de suficiencia de la materia principal de su especialidad, en cuyo caso, previa la aprobación correspondiente, el Conservatorio le expedirá una constancia que lo acredite como pasante.

Art. 10°.-Para que una Academia Particular pueda ser reconocida o adscripta, es requisito indispensable que al frente de la misma se halle una persona titulada en el Conservatorio Nacional de Música o, en su defecto, que dicha persona goce de una reputación y una ejecutoria profesional ampliamente reconocidas.

Art. 11°.-Con el fín de admitir como adscriptas las Academias Particulares que lo pidan, se instituirá, dentro del H. Consejo, una Comisión Especial encargada de estudiar y dictaminar sobre las solicitudes que sean presentadas.

Art. 12°.-Los estudios y dictámenes elaborados por la Comisión a la que se alude en el artículo anterior, tendrán que ser discutidos y conocidos por el H. Consejo de Profesores y Alumnos del Conservatorio Nacional en pleno, única autoridad a la que compete pronunciar la última palabra sobre el particular.

APROBADO EL PRESENTE REGLAMENTO POR EL H. CONSEJO DE PROFESORES Y ALUMNOS DEL CONSERVATORIO NACIONAL DE MUSICA, EN LA CIUDAD DE MEXICO, D.F., A LOS VEINTINUEVE DIAS DEL MES DE JUNIO DE MIL NOVECIENTOS TREINTA Y NUEVE.

México, D.F. 1939.

EL DIRECTOR DEL CONSERVATORIO.

Dr. Adalberto García de Mendoza.

EL JEFE DEL DEPARTAMENTO
DE BELLAS ARTES.

EL SECRETARIO DE EDUCACION
PUBLICA.

Celestino Gorostiza.

Lic. Gonzalo Vázquez Vela.-

SECRETARIA
DE
EDUCACION PUBLICA

DEPENDENCIA CONSERVATORIO NACIONAL DE MUSICA.

SECCION   DIRECCION.

MESA   Correspondencia.

NUMERO DE OFICIO 873.

EXPEDIENTE   VII-I-

ASUNTO: Propone el establecimiento de Cursos Intensivos en este Conservatorio.

México, D. F., a 15 de julio de 1940. -

AL H. CONSEJO DE PROFESORES
Y ALUMNOS DEL CONSERVATORIO
NACIONAL DE MUSICA.
Presente.-

Tengo el honor de presentar a este H. Cuerpo de Profesores y alumnos, la siguiente proposición:

Tomando en cuenta que algunos alumnos de los más aventajados del Conservatorio participan en la Orquesta Sinfonica dirigida por el maestro Carlos Chávez; así como en otras orquestas cuyas temporadas se desarrollan durante primavera y verano;

Teniendo en consideración también que alumnos aventajados de Escuelas de Música en la República no pueden radicarse definitivamente en México para seguir sus cursos en este Conservatorio tal como los hemos establecido;

Además, que los Profesores de Enseñanza Elemental de la Música que puedan actuar en los Institutos radicados en los Estados, casi en su mayoría desean continuar los estudios superiores de música y no pueden hacerlo por la circunstancia de que nuestros cursos se desenvuelven durante todo el año escolar;

Hago la siguiente proposición en forma concreta:

"Establézcanse cursos intensivos de las diversas materias que se imparten en el Conservatorio durante un lapso de tiempo que no exceda de cinco meses;"

"Estos cursos deben empezar a desarrollarse en el mes de octubre y realizar sus exámenes a más tardar en la última quincena de marzo;"

"Señálense a dichos Cursos un pago de colegiatura ogligatorio para todos y en mayor numerario que para los cursos ordinarios;"

Desígnense Profesores que puedan desempeñar estos cursos y a los cuales se les tomará en cuenta su tiempo doble para que de esa manera gocen de vacaciones de seis meses"

Desígnese una Comisión de Profesores y Alumnos para que pormenorice esta Reglamentación y sea presentada a la Jefatura del Departamento y al C° Secretario de Educación, con el fín de conseguir su aceptación, no sin antes haber pasado a su debido estudio al seno del Sindicato de Profesores del Conservatorio Nacional de Música.

Protestando al H. Consejo todo mi respeto, me repito suyo afmo. atto, y S.S,

EL DIRECTOR,

Dr. Adalberto García de Mendoza.

CURSOS ANALITICOS.

ARMONIA E INSTRUMENTACION MODERNAS.
Hanns Eisler. -

CURSO PRACTICO DE INSTRUMENTACION Y ORQUESTACION.
Rodolfo Halffter.

EL HONORABLE CONSEJO DE PROFESORES Y ALUMNOS DEL CONSERVATORIO NACIONAL DE MUSICA en vista de las facultades que se le han conferido como legítimo representante de todos los elementos de la institución, formula y pone en vigor el siguiente ACUERDO relativo a la implantación de CURSOS ANALITICOS a cargo de especialistas extranjeros y nacionales.

DEPENDENCIA CONSERVATORIO NACIONAL DE
MUSICA.

SECCION   DIRECCION.
MESA   Correspondencia.
EXPEDIENTE   VII-I-

ASUNTO: Proyecto para establecer en el Conservatorio
Cursos Analíticos de corta duración,
impartidos por especialistas en materias
musicales

México, D.F. a 3 de enero de 1939.

Al H. Consejo de Profesores y -
Alumnos del Conservatorio Nacional.
Presente.

Tengo el honor de poner a la consideración de esta H. Asamblea el siguiente proyecto que fué formulado en mis peticiones que sirvieron de antecedentes al Reglamento actual, para que de aprobarse, sea llevado a la práctica.

Con el objeto de favorecer la ampliación de conocimientos musicales en los campos de la técnica, crítica y estética es necesario establecer Cursos Analíticos, fuera del Plan de Estudios regular del Conservatorio cuya duración es variable y cuyo principio puede establecerse en cualquiera época del año.-Estos cursos están dedicados a la especialización de las diversas ramas del arte musical y serán dictados por personas de una reconocida y auténtica personalidad musical.

Para que estos Cursos puedan realizarse en el caso de tratar se de artistas y maestros extranjeros, debe gestionarse con el Estado el translado de los mismos y la garantía económica necesaria en su estancia en el país.

Además, tratándose del punto de vista general, puede abrirse en el Conservatorio la inscripción correspondiente, estableciendo cuotas generales y especiales para alumnos del mismo Plantel, de tal manera que ésta contribución venga a resolver parte de la situación económica del sustentante.

En vista de la importancia de estos Cursos Analíticos, es de esperarse que tanto los alumnos del Conservatorio como los de otras Facultades y Escuelas, así como los de las Academias Particulares ingresen a ellos, y de esta manera sea el Conservatorio un Centro de amplia especulación y divulgación musical.

Próximamente daré los nombres de aquellas personas que en mi concepto deban figurar como sustentantes para la debida aprobación, tanto del Consejo como la de todos los organismos interesados en este problema.

Atentamente.

EL DIRECTOR.

Dr. Adalberto García de Mendoza. Rúbrica.

DEPENDENCIA CONSERVATORIO NACIONAL DE
MUSICA.

SECCION   DIRECCION.
MESA   Correspondencia.
NUMERO DE OFICIO   801.
EXPEDIENTE   VII-I-

ASUNTO: Concretando la proposición de tres maestros
para los Cursos Analíticos de corta duración, en este
Conservatorio.

México, D.F., a 15 de abril de 1939.

H Consejo de Profesores y Alumnos del
Conservatorio Nacional de Música.
Presente.-

Refiriéndome al proyecto presentado por mí el 3 de enero del presente año sintéticamente expuesto en los motivos del nuevo Reglamento y Plan de Estudios del Conservatorio, y que se refiere al establecimiento de Cursos Analíticos desarrollados por especialistas de reconocida personalidad artística, me permito someter a esta H. Asamblea tres casos que llenan todas las características necesarias para obtener el éxito debido.

El primer se refiere al señor Adolfo Salazar crítico de famamundial, que dará un curso sobre los caracteres fundamentales de la Historia de la Música y la naturaleza específica de la crítica musical.-Este curso dará principio en el mes de junio y no costará nada al Conservatorio en vista de que el citado crítico ha sido pensionado por el Gobierno y es miembro de la Casa de España en México. En su oportunidad se enviará el Programa respectivo al Conservatorio y podremos tomar este curso como desarrollo del tercer año de Historia de la Música, tal como lo establece nuestro Plan de Estudios.

El segundo caso se refiere al señor Hanss Eisler, Profesor dé los Conservatorios de Viena y Nueva York y discípulo de Arnold Schoember que impartirá un Curso de Armonía contemporánea, para explicarlas tendencias que el mismo Schoember ha impuesto a la cultura musical contemporánea. Facilitada la entrada del citado maestro al país, es de esperarse que en vista de su personalidad y de la importancia que tiene sú enseñanza, la subscripción a su Curso sea reforzada por el Gobierno.-

El tercer caso se refiere a la señorita Nadia Boulanger, de fa ma también universal que puede venir de Nueva York a impartir conocimientos de Composición moderna; y el Gobierno ya entabla las relaciones necesarias para darle la facilidad de venir y garantizar su estancia en el país.

Según las condiciones en que venga dicha dama, la Dirección propondrá lo conducente al financiamiento de sus enseñanzas.

Tan pronto como tenga datos seguros sobre la posibilidad de traer a otras personalidades al país con el objeto de que impartan esos Cursos Analíticos, iré informando a esta H. Asamblea de tales actividades para que con toda anticipación'sea autorizado para llevar a efecto las negociaciones conducentes.

Atentamente,

El Director,

Dr. Adalberto García de Mendoza. Rúbrica.

ACUERDO RELACIONADO CON EL ESTABLECIMIENTO DE CURSOS ANALITICOS EN EL CONSERVATORIO. -

– – – –

CONSIDERANDO la necesidad que existe de ampliar los conocimientos musicales en los campos de la técnica crítica y estética con especialistas tanto nacionales como extranjeros;

CONSIDERANDO QUE ESTOS cursos no forman parte del Plan de Estudios vigente en el Conservatorio ya que son eventuales y sujetos a un lapso de tiempo también convencional;

Es de resolverse, como lo propone la Dirección, el siguiente

ACUERDO:

Se establecen en el Conservatorio Nacional de Música cursos analíticos desempeñados por especialistas tanto nacionales como extranjeros, de duración variable que tienen por objeto la especulación y ampliación de conocimientos en los campos de la técnica, crítica pedagógica y estética musicales, y a los cuales podrán inscribirse maestros y alumnos del Conservatorio, elementos de Academias Particulares y todas aquellas personas que deseen cursarlos, sin más exigencia que la establecida en cada caso particular en cuanto a la capacidad que debe llenar el alumno solicitante. -

México, D.F., a 20 de Marzo   de 1939.
EL PRESIDENTE DEL H. CONSEJO.

Dr. Adalberto García de Mendoza. --

EL HONORABLE CONSEJO DE PROFESORES Y ALUMNOS DEL CONSERVATORIO NACIONAL DE MUSICA en vista de las facultades que se le han conferido como legitimo representante de todos los elementos de la institución, formula y pone en vigor el siguiente REGLAMENTO relativo al funcionamiento de las PRACTICAS PEDAGOGICAS que se imparten en el segundo año de pedagogía.

ACUERDO RELATIVO A LAS CONDICIONES DE LAS PRACTICAS PEDAGOGICAS.

CONSIDERANDO que el curso de Prácticas Pedagógicas como lo propone la Dirección, debe afirmarse en un terreno práctico y para ello, recurrir a diversos conglomerados sociales en que el alumno deba actuar para especializarse en la enseñanza de la música;

CONSIDERANDO que para lograr esto es necesario recurrir a diversas Instituciones, tanto del Estado como particulares, para tener su anuencia y de común acuerdo con sus finalidades hacer, los alumnos, sus prácticas pedagógicas respectivas;

Es de resolverse que el Reglamento respectivo debe contener:

La enumeración de las finalidades de dichas parácticas, los requisitos técnicos y pedagógicos que dichas prácticas deban llenar, la especificación de las actividades a que deben dedicarse los futuros profesores, la limitación que debe tener tanto el profesor de Prácticas Pedagógicas del Conservatorio Nacional de Música, como los Inspectores de Música de las diversas dependencias, señalándose al primero la parte técnica y pedagógica, y a los segundos las finalidades y el contenido y material de enseñanza; y todas las modalidades que las tesis de examen deban tener para ser tomadas en cuenta como trabajo preliminar al exámen profesional.

México, D. F., julio 23 de 1939.

El Presidente del Consejo.

Dr. Adalberto García de Mendoza.

DEPENDENCIA CONSERVATORIO NACIONAL DE
MUSICA

SECCION   DIRECCION.
MESA   Correspondencia.
NUMERO DE OFICIO   1007.
EXPEDIENTE   VII-I-

ASUNTO: Proponiendo reglamentación de las prácticas
de Enseñanza Pedagógica.

México, D.F., a 17 de mayo de 1939. -

Al H. Consejo de Profesores y Alumnos
del Conservatorio Nacional de Música.
Presente. -

A efecto de que pueda estimarse el asunto relacionado con las prácticas de enseñanza pedagógica que llevarán a cabo los alumnos pasantes de este Conservatorio, me permito proponer a este H. Cuerpo de Profesores se nombre una Comisión de entre su seno para que redacte las bases que constituirá el Reglamento que deberá normar estas prácticas.

Atentamente.

EL DIRECTOR.

Dr. Adalberto García de Mendoza.
Rubricado. -

REGLAMENTO

DE

PRACTICAS PEDAGOGICAS.

REGLAMENTO
AL QUE DEBERAN SUJETARSE LAS PRACTICAS PEDAGOGICAS.

- - -

Art. 1°.-El objeto para el cual han sido creadas las prácticas pedagógicas de la carrera de profesor de enseñanza elemental de música, es el de adiestrar a los estudiantes en la enseñanza de la música para la realización de una labor de educación musical, a todos los sectores sociales del país tomando en cuenta las características QUE CADA MEDIO SOCIAL REQUIERA.

Art. 2°.-El Reglamento presente se circunscribirá a establecer los requisitos técnicos y pedagógicos que dichas prácticas deban llenar, dejando a los organismos especializados la misión de regular las condiciones económicas y sindicales que los estudiantes y profesionistas puedan tener posteriormente.

Art. 3°.-Como son de diversa índole las actividades a las que habrán de dedicarse los profesores a que se refiere el art. 1º de este Ordenamiento, se señalan los siguientes campos de actividades: Profesor de Enseñanza Elemental de la Música en los Kindergarten, y Escuelas de Enseñanza Elemental; Enseñanza Coral en Sindicatos y Agrupaciones Obreras, Comunidades Agrarias y Campesinas, Ejército y Grupos organizados y Centros indígenas.

Art. 4°.-Para la Carrera que el Reglamento del Conservatorio Nacional de Música señala con la calificación de Profesor de Enseñanza Elemental de Música, las prácticas pedagógicas respectivas, a las que deberá quedar sujeta, se limitarán única y exclusivamente a la enseñanza de Conjuntos Corales al unísono y a varias voces durante el Primer Ciclo de enseñanza primaria; y partiendo del segundo Ciclo en adelante, el estudio abarcará además, el conocimiento elemental del Solfeo.

Art. 5°. -Para la carrera de Profesor de Solfeo y Canto Coral, las prácticas pedagógicas se realizarán dentro de las Escuelas Secundarias y Profesionales, y comprenderán la enseñanza elemental del Solfeo y la organización de grupos corales, dentro de las posibilidades del medio en que se actúe.

Las prácticas correspondientes a la carrera de pianista acompañante, se harán en la Escuela de Educación Física, en la Escuela de Danza y en las clases de Canto del Conservatorio.

En cuanto a la práctica pedagógica que deben hacer los alumnos pasantes de las carreras profesionales que aspiren tener el título de Maestro de Enseñanza Superior y Profesional, se hará de preferencia dentro de la clase del propio maestro de cada pasante, conforme al reglamento especial, pero siempre bajo el control del profesor de prácticas pedagógicas.-

Art. 6°.-Además de las bases técnicas y pedagógicas que la enseñanza debe tener, se atenderá a las características que cada sector colectivo le imponga, según sus necesidades y propósitos. Con tal objeto, los profesores asesores se servirán señalar los lineamientos que en sus respectivas dependencias hayan sido establecidas.

Art. 7°. -Las prácticas deberán hacerse dentro de las posibilidades de que se disponga, en los grupos, lugares y circunstancias en las que más tarde habrá de operarse, y para ello se recurrirá a solicitar los permisos de la Sección de Música, Asistencia Infantil, Asistencia Pública, Secretaría de la Defensa Nacional, Departamento Central, Departamento de Educación Obrera, Departamento de Escuelas Técnicas, Sindicatos Obreros, Comunidades Campesinas, Sindicatos de Trabajadores al Servicio del Estado, Departamento de Asuntos Indígenas y Departamento de Previsión Social dependiente de la Secretaría de Gobernación.

Art. 8°.-El curso comprenderá, en primer término, disertaciones sobre tópicos de Pedagogía Musical, ampliando los temas tratados en el Primer Curso de Pedagogía, el método dialéctico de dicha enseñanza, características revolucionarias que puedan llevarse a cabo a través de la enseñanza musical y ampliación de los conocimientos psicológicos de grupos, así como condiciones etnológicas y linguísticas a las que deba atenderse en la transmisión del conocimiento musical.

En segundo lugar, según las preferencias y posiciones de los postulantes al profesorado, se les dedicará a una rama específica, conforme a los temas descriptos en el Programa de Clase, procurando que el postulante se especialice en una sola de las ramas y trate, lo más profundamente posible, todos los aspectos que dicha rama supone enmateria de técnica, sistemas pedagógicos, metodología, psicología (colectiva fundamentalmente), sociología, estética y ramas afines.

Art. 9°.-El profesor de Prácticas Pedagógicas en el Conservatorio Nacional de Música será el encargado y responsable de esta actividad, pudiendo disponer de ayudantes en número suficiente para llevar a efecto todo su programa de acción. Procurará atender en todo los lineamientos que tengan establecidos las diversas instituciones dentro de las cuales se haga la práctica, así como proporcionar a dichas agrupaciones las tésis y los trabajos que cada uno de los postulantes realice, para obtener el título respectivo.

Los requisitos para ser Ayudante del Profesor de Prácticas Musicales serán debida y oportunamente fijados por la Dirección del Conservatorio Nacional de Música.

Art. 10°.-De acuerdo con el artículo 6° de este Reglamento, a medida que los asesores entreguen por escrito los lineamientos es tablecidos en las dependencias por ellos representadas ante el H. Consejo de Profesores y Alumnos del Conservatorio Nacional, irán siendo incorporados al texto del presente ordenamiento, como un necesario complemento y para los efectos a que haya lugar.

México, D.F., a 26 de julio de 1,939.

EL DIRECTOR DEL CONSERVATORIO NACIONAL DE MUSICA.

Dr. Adalberto García de Mendoza.

PROMULGUESE.

México, D.F. 1939.

EL JEFE DEL DEPARTAMENTO DE BELLAS ARTES.

Celestino Gorostiza.

DEPENDENCIA CONSERVATORIO NACIONAL
DE MUSICA.

SECCION   DIRECCION.
MESA   Correspondencia.

EXPEDIENTE   VII-I-

ASUNTO: Propone formule un Reglamento para
regularizar a los alumnos del
Conservatorio.

México, D.F., a 26 de abril de 1939.

H. CONSEJO DE PROFESORES Y
ALUMNOS DEL CONSERVATORIO.

PRESENTE.

Esta Dirección del Conservatorio, atenta al problema que existe actualmente con los alumnos que de manera irregular hacen sus estudios en el Plantel, ha creído conveniente dictar medidas que tiendan a regularizar a esos alumnos que en su mayoría cursan años superiores de Instrumento o Canto, y no han pagado aún sus clases de Solfeo y demás materias que se exigen en nuestro Plan de Estudios vigente; y al efecto, tiene la honra de proponer a esta H. Asamblea, se apruebe el siguiente punto resolutivo: -

"Nómbrese una comisión del seno del H. Consejo de Profesores y Alumnos para que dictaminen y propongan, para su debida observancia, una Reglamentación tendente a regular a los estudiantes de los primeros años en sus materias, estábleciendo reglas específicas de aquellas materias sin las cuales, de no haberse aprobado el alumno está imposibilitado a cursar el año superior; así como el establecimiento de exámenes extraordiñarios y a título de suficiencia para que la regularidad sea efectiva. Dichas pruebas deben hacerse antes de empezar los cursos"-

Atentamente.

Dr. Adalberto García de Mendoza.

Rubricado.

DEPENDENCIA DEPARTAMENNTO. DE BELLAS
ARTES. JEFATURA.
JEFATURA

NUMERO DE OFICIO   1965
EXPEDIENTE   VII/201.3(VII-I)014)/1

ASUNTO: Remite Plan de Estudios del Plantel que se
menciona.

México, D.F., a 20 de febrero de 1939.

Al C. Director
del Conservatorio Nacional de Música.
Moneda 16.
Ciudad.

Remito a usted, aprobado por esta Jefatura de mi cargo, el Plan de Estudios del Conservatorio Nacional de Música que se sirvió usted enviar con dicho objeto.- Asimismo adjunto el proyecto y Plan de Estudios de ese Plantel, enviado por el C° Director de la Escuela Superior Nocturna de Música a esta Jefatura.-

Atentamente,

EL JEFE DEL DEPARTAMENTO

Celestino Gorostiza.

Rubricado.

Es copia.

DEPENDENCIA DEPARTAMENTO DE
BELLAS ARTES.
JEFATURA.

NUMERO DE OFICIO   2399.
EXPEDIENTE   VII/350.3(VII-1)/1

ASUNTO: Relativo al Programa de Conferencias
para el año de 1939.-

México, D.F., a 6 de marzo de 1939.-

Al C. Director
dél Conservatorio Nacional.
Moneda 16,
Ciudad.

Me refiero a su atento oficio número 496 de fecha 28 de febrero próximo pasado, para manifestarle que el Departamento de Bellas Artes encuentra de sumo interés los temas de todas las Conferencias que el Conservatorio celebrará durante el presente año y felicita a usted por la organización de las mismas.

Atentamente.

EL JEFE DEL DEPARTAMENTO

Celestino Gorostiza.
Rúbrica.

Es copia.

SELLO CON EL   DEPENDENCIA Departemento de Bellas Artes.
ESCUDO   JEFATURA
NACIONAL

                               NUMERO DE OFICIO   2512
SECRETARIA DE   EXPEDIENTE   VII/351.5(VII-1)/2
EDUCACION
PUBLICA

                               ASUNTO: Relativo a la actuación de la Orquesta
                                       de Alumnos, Coro del Conservatorio y
                                       Escuela de Danza.

México, D.F., a 7 de marzo de 1939.-

Al C. Director
del Conservatorio Nacional
Moneda 16.
Ciudad.

En relación con su atento oficio de fecha 17 de febrero próximo pasado, tengo el gusto de manifestarle que el Departamento de mi cargo aprueba el programa de actividades que deberán desarrollar el Coro del Conservatorio, Orquesta de Alumnos y la Escuela de Danza.

Atentamente.

EL JEFE DEL DEPARTAMENTO.

Celestino Gorostiza.

(Rúbrica).

BIOGRAFÍA DEL DR. ADALBERTO GARCÍA DE MENDOZA

El Dr. Adalberto García de Mendoza, reconocido como "El Padre del Neokantismo Mexicano". Fue profesor erudito de filosofía y Música en la Universidad Nacional Autónoma de México por más de treinta y cinco años. Escribió aproximadamente setenta y cinco obras de filosofía (existencialismo, lógica, fenomenología, epistemología) y música. También escribió obras de teatro, obras literarias e innumerables ensayos, artículos y conferencias.

Nació en Pachuca, Hidalgo el 27 de marzo de 1900. En 1918 recibe una beca del Gobierno Mexicano para estudiar en Leipzig, Alemania donde toma cursos lectivos de piano y composición triunfando en un concurso internacional de improvisación.

Regresó a México en el año 1926, después de haber vivido en Alemania siete años estudiando en las Universidades de Leipsig, Heidelberg, Hamburg, Frankfurt, Freiburg, Cologne, y Marburg. Ahí siguió cursos con Rickert, Cassirer, Husserl, Scheler, Natorp y Heidegger, de modo que su formación Filosófica se hizo en contacto con la fenomenología, el neokantismo, el existencialismo y la axiología, doctrinas filosóficas que por entonces eran desconocidas en México.

Al año siguiente de su llegada en 1927, inició un curso de lógica en la Escuela Nacional Preparatoria y otros de metafísica, epistemología analítica y fenomenología en la Facultad de Filosofía y Letras. En estos cursos se introdujeron en la Universidad Nacional Autónoma de México las nuevas direcciones de la filosofía alemana, siendo el primero en enseñar en México el neokantismo de Baden y Marburgo, la fenomenología de Husserl y el existencialismo de Heidegger.

En 1929 recibió el título de Maestro en Filosofía y más tarde en 1936 obtuvo el título de Doctor en Filosofía. También terminó su carrera de ingeniero y mas tarde terminó su carrera de Licenciado en Derecho en la Universidad Nacional Autónoma de México. Ingresó al Conservatorio Nacional de Música de México donde rivalizó sus estudios hechos en Alemania y recibe en 1940 el título de Maestro de Música Pianista.

En 1929 el Dr. García de Mendoza hizo una gira cultural al Japón, representando a la Universidad Nacional Autónoma de México. Dio una serie de conferencias en la Universidad Imperial de Tokio y las Universidades de Kioto, Osaka, Nagoya, Yamada, Nikko, Nara Meiji y Keio. En 1933 la Universidad de Nuevo León lo invita para impartir 30 conferencias sobre fenomenología.

De 1938 a 1943 fue Director del Conservatorio Nacional de Música en México. Aquí mismo impartió clases de Estética Musical y Pedagogía Musicales.

En 1940 la Kokusai Bunka Shinkokai, en conmemoración a la Vigésima Sexta Centuria del Imperio Nipón, convocó un concurso Internacional de Filosofía, donde el Dr. García de Mendoza obtuvo el primer premio internacional con su libro "Visiones de Oriente." Es una obra inspirada en conceptos filosóficos Orientales. Recibió dicho premio personalmente en Japón en el año de 1954 por el Príncipe Takamatzu, hermano del Emperador del Japón.

Desde 1946 hasta 1963 fue catedrático de la Escuela Nacional Preparatoria (No 1, 2 y 6) dando clases de filosofía, lógica y cultura musical. También desde 1950 hasta 1963 fue catedrático en la Facultad de Filosofía y Letras y la Facultad de Ciencias Políticas de la UNAM dando clases de metafísica, didáctica de la filosofía, metafísica y epistemología analítica. También dio las clases de filosofía de la música y filosofía de la religión, siendo el fundador e iniciador de estas clases.

Desde 1945 a 1953 fue comentarista musicólogo por la Radio KELA en su programa "Horizontes Musicales." En estos mismos años dio una serie de conferencias sobre temas filosóficos y culturales intituladas: "Por el Mundo de la Filosofía." y "Por el Mundo de la Cultura" en la Radio Universidad, Radio Gobernación y la XELA.

Desde 1948 a 1963 fue inspector de los programas de matemáticas en las secundarias particulares incorporadas a la Secretaría de Educación Pública. En estos mismos años también fue inspector de los programas de cultura musical, filosofía, lógica, ética y filología en las preparatorias particulares incorporadas a la Universidad Nacional Autónoma de México.

Además fue Presidente de la Sección de Filosofía y Matemáticas del Ateneo de Ciencias y Artes de México. Fue miembro del Colegio de Doctores de la UNAM; de la Comisión Nacional de Cooperación Intelectual Mexicana; de la Asociación de Artistas y Escritores Latinoamericanos; del Ateneo Musical Mexicano; de la Tribuna de México; del Consejo Técnico de la Escuela Nacional Preparatoria de la UNAM y de la Liga de Escritores y Artistas Revolucionarios (LEAR).

Fue un ágil traductor del alemán, inglés y francés. Conocía además el latín y el griego. Hizo varias traducciones filosóficas del inglés, francés y alemán al español.

En 1962 recibió un diploma otorgado por la UNAM al cumplir 35 años como catedrático.

Falleció el 27 de septiembre de 1963 en la Ciudad de México.

TRATADO DE LÓGICA: SIGNIFICACIONES (PRIMERA PARTE)
Obra que sirvió de texto en la UNAM donde se introdujo el
Neokantismo, la Fenomenología, y el Existencialismo. 1932.
Edición agotada.

TRATADO DE LÓGICA: ESENCIAS-JUICIO-CONCEPTO (SEGUNDA PARTE)
Texto en la UNAM. 1932.
Edición agotada.

ANALES DEL CONSERVATORIO NACIONAL DE MÚSICA (VOLUMEN 1)
Clases y programas del Conservatorio
Nacional de Música de México. 1941.
Edición agotada.

LIBROS A LA VENTA

FILOSOFÍA MODERNA HUSSERL, SCHELLER, HEIDEGER
Conferencias en la Universidad Autónoma de Nuevo Leon.
Se expone la filosofía alemana contemporánea a través de estos tres
fenomenólogos alemanes. 1933.
Editorial Jitanjáfora 2004.
redutac@hotmail.com

VISIONES DE ORIENTE
Obra inspirada en conceptos filosóficos Orientales. En 1930
este libro recibe el Primer Premio Internacional de Filosofía.
Editorial Jitanjáfora 2007.
redutac@hotmail.com

CONFERENCIAS DE JAPÓN
Confencias sustentadas en la Universidad Imperial de Tokio
y diferentes Universidades de México y Japón. 1931-1934.
Editorial Jitanjáforea 2009.
redutac@hotmail.com

EL SENTIDO HUMANISTA EN LA OBRA DE JUAN SEBASTIAN BACH
Reflexiones Filosoficas sobre la vida y la obra
de Juan Sebastian Bach. 1938.
Editorial García de Mendoza 2008.
www.adalbertogarciademendoza.com

JUAN SEBASTIAN BACH
UN EJEMPLO DE VIRTUD
Escrito en el segundo centenario de la muerte de Juan Sebastian Bach
inpirado en "La pequeña cronica de Ana Magdalena Bach." 1950.
Editorial García de Mendoza 2008.
www.adalbertogarciademendoza.com

EL EXCOLEGIO NOVICIADO DE TEPOTZOTLÁN
ACTUAL MUSEO NACIONAL DEL VIRREINATO
Disertación filosófica sobre las capillas, retablos
y cuadros del templo de San Francisco Javier en 1936.
Editorial García de Mendoza 2010.
www.adalbertogarciademendoza.com

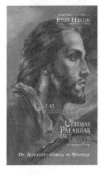

LAS SIETE ULTIMAS PALABRAS DE JESÚS
COMENTARIOS A LA OBRA DE JOSEF HAYDN
Disertación filosófica sobre la musíca, la pintura,
la literatura y la escúltura. 1945.
Editorial García de Mendoza 2011.
www.adalbertogarciademendoza.com

LA TEORÍA DE LA RELATIVIDAD DE EINSTEIN
Einstein unifica en una sola formula todas las fuerzas de la Física.
Y afirma que el mundo necesita la paz y con ella se conseguirá la
prósperida de la cultura y de su bienestar. 1936.
Editorial Palibrio 2012.
Ventas@palibrio.com

LA FILOSOFÍA JUDAICA DE MAIMÓNIDES
Bosquejo de la ética de Maimónides sobre el problema de la
libertad humana y la afirmación del humanismo, las dos más fuertes
argumentaciones sobre la existencia. 1938.
Editorial Palibrio 2012.
Ventas@palibrio.com

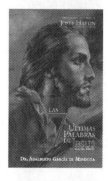

JOHANN WOLFGANG VON GOETHE
Obra escrita en el Segundo centenario del nacimiento de Johann
Wolfgang Goethe, genio múltiple que supo llegar a las profundidades
de la Filosofía, de la Poesía y de las Ciencia. 1949.
Editorial Palibrio 2012.
Ventas@Palibrio.com

LAS SIETE ULTIMAS PALABRAS DE JESÚS
COMENTARIOS A LA OBRA DE JOSEF HAYDN. SEGUNDA EDICIÓN
Disertación filosófica sobre la música, la pintura,
la literatura y la escúltura. 1945.
Editorial Palibrio 2012.
Ventas@Palibrio.com

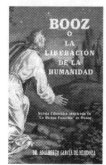

BOOZ O LA LIBERACIÓN DE LA HUMANIDAD
Novela filosófica inspirada en "La Divina Comedia" de Dante. 1947.
Editorial Palibrio 2012.
Ventas@Palibrio.com

RAINER MARIA RILKE EL POETA DE LA VIDA MONÁSTICA
Semblanza e interpretación de la primera parte del "Libro de las Horas"
"Das Buch von Mönchischen Leben" de Rilke
llamado "Libro de la Vida Monástica." 1951.
Editorial Palibrio 2012.
Ventas @Palibrio.com

HORIZONTELS MUSICALES
Comentarios sobre las más bellas obras musicales. Dichos comentarios fueron
transmitidos por la Radio Difusora Metropolitana XELA de la Ciudad de
México entre los años 1945 y 1953 en su programa "Horizontes Musicales"
1943
Editorial Palibrio 2012
Ventas@Palibrio.com

JUAN SEBASTIAN BACH
UN EJEMPLO DE VIRTUD. 3RA EDICIÓN.
Incluye El Sentido Humanista en la Obra de Juan Sebastian Bach. 1950.
Editorial Palibrio 2012.
Ventas@Palibrio.com

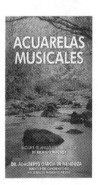

ACUARELAS MUSICALES
Incluye: El Anillo del Nibelungo de Ricardo Wagner. 1938.
Editorial Palibrio 2012.
Ventas@Palibrio.com

LA DIRECCIÓN RACIONALISTA ONTOLÓGICA EN LA EPISTEMOLOGÍA
Tesis profesional para el Doctorado en Filosofía presentada en el año 1928.
Facultad de Filosofía y Letras de la Universidad Nacional Autónoma de
México. Presenta las tres clases de conocimientos en cada época cultural. El
empírico, que corresponde al saber del dominio, el especulativo que tiene por
base el pensamiento, y el intuitivo ,que sirve para dar bases sólidas de verdades
absolutas a todos los campos del saber. 1928.
Editorial Palibrio 2012.
Ventas@Palibrio.com

El Existencialismo

En kierkegaard, Dilthey, Heidegger y Sartre.
Programa: "Por el mundo de la cultura." Una nueva concepcion de la vida.
Serie de pláticas transmitidas por la Estación Radio México
sobre el Existencialismo. 1948.
Editorial Palibrio 2012.
Ventas@Palibrio.com

Fundamentos Filosóficos de la Lógica Dialéctica

Toda verdadera filosofía debe ser realizable en la existencia humana. Filosofía
de la Vida. En estas palabras está el anhelo más profundo de renovación de
nuestra manera de pensar, intuir y vivir. 1937.
Editorial Palibrio 2012.
Ventas@Palibrio.com

Ekanizhta

La humanidad debe realizarse a través de la existencia. Existencia que
intuye los maravillosos campos de la vida y las perennes lejanías del espíritu.
Existencia llena de angustia ante la vida, pletórica de preocupación ante el
mundo... Existencia radiante de belleza en la creación de lo viviente y en la
floración de lo eterno. 1936.
Editorial Palibrio 2012.
Ventas@Palibrio.com

Conciertos. Orquesta sinfónica de la Universidad nacional autónoma de México

Henos aquí nuevamente invitados a un Simposio de belleza en donde hemos
de deleitarnos con el arte profundamente humano de Beethoven, trágico de
Wagner, simbólico de Stravinsky, lleno de colorido de Rimsky-Korsakoff,
sugerente de Ravel y demás modernistas. 1949.
Editorial Palibrio 2012.
Ventas@Palibrio.com

Nuevos principios de lógica y epistemología
Nuevos aspectos de la filosofía

Conferencias sustentadas en la Universidad Imperial de Tokio y diferentes
Universidades de Japón y México presentadas entre los años 1931 y
1934, donde se exponen los conceptos filosóficos del existencialismo, el
neokantismo, la fenomenología y la axiología, filosofía alemana desconocida
en México en aquella época.
Editorial Palibrio 2013
Ventas@Palibrio.com

ESTÉTICA LIBRO I

LA DIALÉCTICA EN EL CAMPO DE LA ESTÉTICA TRILOGÍAS Y ANTITÉTICOS

Esta obra tiene como propósito ilustrar el criterio del gusto, no solo para las obras llamadas clásicas, sino fundamentalmente para comprender los nuevos intentos del arte a través de la pintura y la música, así como también la literatura, la escultura y la arquitectura que imponen la necesidad de reflexionar sobre su aparente obscuridad o snobismo. 1943.
Editorial Palibrio 2013
Ventas@Palibrio.com

EL ORATORIO, LA MISA Y EL POEMA MÍSTICO

LA MÚSICA EN EL TIEMPO

Pláticas sobre los ideales de la Edad Media con el Canto Gregoriano, el Renacimiento con el Mesías de Häendel, el Réquiem de Mozart, la Creación del Mundo de Haydn, el Parsifal de Wagner y la Canción de la tierra de Mahler. 1943.
Editorial Palibrio 2013
Ventas@Palibrio.com

FUNCIÓN SOCIAL DE LAS UNIVERSIDADES AMERICANAS

SEGUNDA CONFERENCIA INTERAMERICANA

Crear una cultura americana es un intento que debe fortalecerse con una actividad eficiente y es propiamente el momento propicio para lograr la unificación humana del proletariado sobre bases de dignidad y superación. 1937.
Editorial Palibrio 2013
Ventas@Palibrio.com

LA EVOLUCIÓN DE LA LÓGICA DE 1910 A 1961

RESEÑA HISTÓRICA DE LA LÓGICA

Los libros y las clases presentados por García de Mendoza entre los años 1929 y 1933 son de suma importancia ya que presentan nuevos horizontes en el campo de la Lógica y señalan claramente nuevos derroteros en el estudio de ella. 1961.
Editorial Palibrio 2013
Ventas@Palibrio.com

ANTOLOGÍA DE OBRAS MUSICALES

COMENTARIOS

Comentarios sobre las más bellas obras Clásicas Musicales. 1947.
Editorial Palibrio 2013
Ventas@Palibrio.com

MANUAL DE LÓGICA

PRIMER CUADERNO

Obra de suma importancia, que señala la urgente necesidad de emprender nuevos derroteros en el estudio de la Lógica. Descubre nuevos horizontes despertando gran interés por el estudio de esta disciplina. 1930.
Editorial Palibrio 2013
Ventas@Palibrio.com

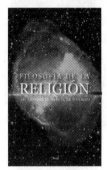

FILOSOFIA DE LA RELIGIÓN

La Filosofía de la Religión trata de la existencia y de las cualidades de Dios, de su posición frente al mundo en general y al hombre especialmente y de las formas de la religión, desde los puntos de vista psicológico, epistemológico, metafísico e histórico. 1949.
Editorial Palibrio 2013
Ventas@Palibrio.com

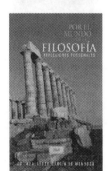

POR EL MUNDO DE LA FILOSOFÍA

REFLEXIONES PERSONALES

Conferencias transmitidas por "Radio Universidad" sobre el neokantismo, la fenomenología y el existencialismo, filosofía alemana introducida en México por primera vez en el año de 1927 por el Dr. García de Mendoza. 1949.
Editorial Palibrio 2013
Ventas@Palibrio.com

FUENTE DE LOS VALORES Y LA SOCIOLOGIA DE LA CULTURA

Se establecen las relaciones entre la Ciencia y la Filosofía para darnos cuenta de lugar que debe ocupar la teoría de los valores y el lugar que le corresponde a la Sociología de la Cultura. 1938.
Editorial Palibrio 2013
Ventas@Palibrio.com

IDEAL DE LA PAZ POR EL CAMINO DE LA EDUCACIÓN

Reconocer la dignidad, la igualdad y el respeto a la persona humana es el pináculo de cultura que el mundo futuro exige. Toda la guerra ha sido un destrozo a este ideal; toda ella originada por la barbarie y la ambición, ha llevado al hombre a olvidar la dignidad humana, el respeto al ser humano, la igualdad de los hombres. 1946.
Editorial Palibrio 2014
Ventas@Palibrio.com

LÓGICA

Libro de texto publicado en 1932 en la UNAM en donde se introdujo
la Fenomenología por primera vez en México en 1929, siendo el autor
el primer introductor y animador de la Filosofía Alemana en México,
reconocido como "El Padre del Neokantismo Mexicano".
Editorial Palibrio 2014
Ventas@Palibrio.com

SCHUMANN

EL ALBUM DE LA JUVENTUD

Schumann escribió este " Album de la Juventud" que es un conjunto de
composiciones musicales de una inspiración sublime, inspiradas en poetas
como Goethe, Byron, Richter y otros más.
Editorial Palibrio 2014
Ventas@Palibrio.com

PRIMEROS ANALES DEL CONSERVATORIO NACIONAL DE MÚSICA

En los "Anales del Conservatorio" se consignan todos los datos necesarios
sobre la actividad artística del Conservatorio así como el reglamento y
plan de Estudios, Programas de clases, Conferencias y Conciertos.
Editorial Palibrio 2014
Ventas@Palibrio.com

ENCICLOPEDIA MUSICAL

En este libro encontramos un estudio detenido de los elementos de
altura, duración, entonación, intensidad etc que nos dan la facilidad de
comprender la belleza de la música y su sentido expresivo.
Editorial Palibrio 2015
Ventas@Palibrio.com

MUSEO NACIONAL DEL VIRREINATO. TEPOTZOTLÁN

Disertación filosófica de las capillas, los altares y las pinturas del Templo
de San Francisco Javier. Documento único y valioso del periodo virreinal
de México. 1936.
Editorial Palibrio 2015
Ventas@Palibrio.com

EPISTEMOLOGÍA: "TEORÍA DEL CONOCIMIENTO"
Síntesis de la obra "Teoría del conocimiento" de J. Hessen. Es una introducción a los problemas que el conocimiento plantea. Presenta el vasto panorama de tales cuestiones, los diferentes puntos de vista y las varias soluciones propuestas. 1938.
Editorial Palibrio 2015
Ventas@Palibrio.com

LA FILOSOFÍA ORIENTAL Y EL PUESTO DE LA CULTURA DE JAPÓN EN EL MUNDO
Libro premiado con el primer lugar del Concurso Internacional de Filosofía Oriental, cuyo premio le fue entregado en Japón por Su Alteza Imperial, el principe Takamatsu, hermano del Emperador de Japón. 1930.
Editorial Palibrio 2015
Ventas@Palibrio.com

FENOMENOLOGÍA. FILOSOFÍA MODERNA
Fenomenología: Filosofía moderna expone la filosofía Alemana contemporanea a través de las ideas de los fenomenólogos: Husserl, Scheler y Heidegger. 1933
Editorial Palibrio 2015
Ventas@Palibrio.com

ROMANTICISMO EN LA VIDA Y LA OBRA DE CHOPIN
El romanticismo en la obra de Chopin canta con la libertad más grande y entona la romántica frase, pinta con enardecimiento su más íntima convicción y hace versos en la intimidad de su corazón. 1949
Editorial Palibrio 2015
Ventas@Palibrio.com

DERECHO EXISTENCIAL
"El Derecho Existencial" se impone cada día más y más y la comprención de la filosofía general y especialmente de la Filosofía del Derecho debe satisfacer a las exigencias que indudablemente nos vamos a encontrar después de la guerra actual cuando se trate de resolver las situaciones jurídicas en un sentido de sinceridad y de realidad. 1932
Editorial Palibrio 2015
Ventas@Palibrio.com

POR EL MUNDO DE LA MUSICA

El propósito de estas conferencias, es el de proporcionar el conocimiento de la belleza de la música y su enorme importancia en la cultura de los pueblos y de los individuos. 1950
Editorial Palibrio 2015
Ventas@Palibrio.com

EL ESOTERISMO DE LA DIVINA COMEDIA Y BOOZ O EL FILÓSOFO DE LA CIUDAD HUMANA

"El Esoterismo de la Divina Comedia" y "Booz o la Liberación de la Humanidad", es una Disertación Filosófica sobre la "Divina Comedia" de Dante Alighieri, que presenta la vida en su múltiple transformación y en su perpetuo crear. 1947.
Editorial Palibrio 2016
Ventas@Palibrio.com

LA CIENCIA COMO INTEGRADORA DE LA CULTURA

Serie de conferencias que presentan nuevas visiones en la historia, nuevos principios para la concepción de la naturaleza, nuevas soluciones para el complicado problema del espíritu y nuevos aspectos en la vida social. 1951
Editorial Palibrio 2016
Ventas@Palibrio.com

CURSO DE ÉTICA

La existencia que sólo puede llevarnos para comprender a la humanidad y la finalidad del hombre frente a todas las finalidades del universo, principalmente a la finalidad de la sociedad. 1930.
Editorial Palibrio 2016
Ventas@Palibrio.com

PENSAMIENTOS DE UNA MUJER Y SELECCIONES LITERARIAS

Serie de refranes, pensamientos y comentarios sobre música, ciencia, filosofía y otros temas. 1946
Editorial Palibrio 2016
Ventas@Palibrio.com

La Universidad

Alcance de su labor educativa y social y Conferencias Filosóficas

Libro que trata sobre las Universidades del futuro que deben sostener como pendón de sus actividades la tesis de un resurgimiento consciente y verdadero de la democracia y de la libertad. 1950.
Editorial Palibrio 2016
Ventas@Palibrio.com

La experiencia moral fundamental

Una introducción a la Ética de Herman Nohl

Comentario a la obra de Hermann Nohl "Una introducción a la Ética" que incluye el "Menón", diálogo Platónico que trata de llegar a definir lo que se entiende por virtud, que es un estado de ánimo propio de los seres fuertes para vencer en las empresas nobles y difíciles. Curso ofrecido en la clase de Etica en el Colegio Aleman en 1956.
Editorial Palibrio 2016
Ventas@Palibrio.com

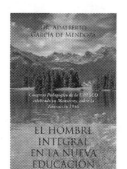

El hombre integral en la nueva educación

Congreso pedagógico de la Unesco celebrado en Monterrey, sobre la educación 1946

Comentarios sobre el mensaje de la UNESCO en Monterrey, México sobre la educación para la libertad y la paz. 1948
Editorial Palibrio 2017
Ventas@Palibrio.com

El problema de los valores y la sociología de la cultura 1933

Este obra trata de la creación de la cultura que necesita tanto del genio, como de las exigencias y aspiraciones de los pueblos. 1933.
Editorial Palibrio 2017
Ventas@Palibrio.com

Beethoven

En este libro se presenta una de las más bellas expresiones de la música vocal e instrumental, la cual resume todas las exigencias que el ritual exige para el sacrificio desarrollado a través de la Liturgia. 1940.
Editorial Palibrio 2017
Ventas@Palibrio.com

Cultura musical

Primer Año

Este curso trata de enseñar a escuchar correctamente una obra musical. Así como se necesita saber mirar una buena pintura, así también es necesario saber escuchar. 1956.
Editorial Palibrio 2017
Ventas@Palibrio.com

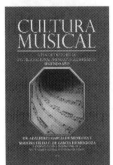

Cultura musical

Segundo año

En este curso se enseña entre otros temas, la naturaleza de la música del Renacimiento, el estilo Barroco, la escuela çlásica, la tendencia Romántica, la formulación Impresionista y asi sucesivamente. De esta manera quedará impreso indeleblemente en la mente del joven un conocimiento de forma viviente. 1956.
Editorial Palibrio 2017
Ventas@Palibrio.com

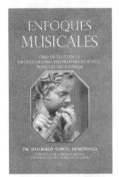

Enfoques musicales

Primer curso superior

El texto expone la comprensión de la naturaleza del arte musical, a través de sus varias formas de expresión para comprender el sentido de la música. 1956.
Editorial Palibrio 2018
Ventas@Palibrio.com

Estampas musicales

Segundo curso superior

Libro de Texto que estudia las formas musicales más importantes a través de la historia ofreciendo el más bello horizonte de especulación filosófica, científica y artística. 1956.
Editorial Palibrio 2018
Ventas@Palibrio.com

Claudio Debussy

Un ensayo y una impresión

En esta obra se estudian la fuentes del Imprecionismo Musical de Debussy, el cual se encuentra en el arte pictórico y poético. Forma nueva en donde la subjetividad domina para realizarse en la música, la pintura y la poesia. 1951
Editorial Palibrio 2018
Ventas@Palibrio.com

Historia de la lógica

Texto que estudia la discipllina filosófica de los pensamientos
representada por Aristóteles, Platón, Santo Tomás de Aquino, Decartes,
Augustus y otros más a través de la época Antigua, Media, Moderna
y Contemporánea. Dr. Adalberto García de Mendoza y Dr. Evodio
Escalante. 1930
Editorial Palibrio 2018
Ventas@Palibrio.com

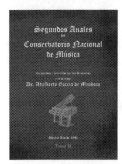

Segundos anales del conservatorio nacional de música

En este Segundo tomo de los Anales se presentan las labores de
maestros y alumnos del Conservatorio con la finalidad de impulsar
el arte musical.
Editorial Palibrio 2018
Ventas@Palibrio.com

**Terceros anales del conservatorio nacional de música.
Formulados y redactados por los Profesores y el Director.
México Año de 1941. Tomo III**

Los documentos en este tercer libro del Conservatorio describen
las actividades y reformas que se desarroyaron entre los anos 1938
a 1943 bajo la direccion del Dr. Adalberto Garcia de Mendoza,
director del Conservatorio.
Editorial Palibrio 2018
Ventas@Palibrio.com